Collection
Science and technique of democracy, No. 35
Science et technique de la démocratie, n° 35

The resolution of conflicts between the central state and entities with legislative power by the Constitutional Court

La résolution des conflits entre Etat central et entités dotées d'un pouvoir législatif par la Cour constitutionnelle

European Commission for Democracy through Law

Commission européenne pour la démocratie par le droit

Council of Europe Publishing
Editions du Conseil de l'Europe

b24907595

For a full list of other titles in this collection, see the back of the book.

Pour la liste complète des titres de cette collection, voir à la fin du livre.

ZZ
CE
2003S35

Council of Europe Publishing
Editions du Conseil de l'Europe
F-67075 Strasbourg Cedex

ISBN 92-871-5379-5
© Council of Europe, December 2003
© Conseil de l'Europe, décembre 2003
Printed at the Council of Europe
Imprimé dans les ateliers du Conseil de l'Europe

TABLE OF CONTENTS/TABLE DES MATIERES

This publication contains the reports presented at the UniDem Seminar organised in Rome on 14 and 15 June 2001 by the European Commission for Democracy through law in co-operation with the Constitutional Court of Italy.

The European Commission for Democracy through Law (Venice Commission) is an advisory body on constitutional law, set up within the Council of Europe. It is composed of independent experts from member states of the Council of Europe, as well as from non-member states. At present, more than fifty states participate in the work of the Commission.

******

Cet ouvrage contient les rapports présentés lors du Séminaire UniDem organisé à Rome les 14 et 15 juin 2001 par la Commission européenne pour la démocratie par le droit en coopération avec la Cour constitutionnelle d'Italie.

La Commission européenne pour la démocratie par le droit (Commission de Venise) est un organisme consultatif en matière de droit constitutionnel, créé au sein du Conseil de l'Europe. Elle est composée d'experts indépendants d'Etats membres du Conseil de l'Europe, ainsi que d'Etats non membres. Plus de cinquante Etats participent aux travaux de la Commission.

OPENING SPEECH/ALLOCUTION D'OUVERTURE

M. Cesare RUPERTO
Président de la Cour constitutionnelle d'Italie

Messieurs les Présidents, chers amis,

Mes collègues et moi-même sommes heureux d'accueillir dans cet antique salon le séminaire organisé par la Commission européenne pour la démocratie par le droit, présidée avec autant de dévouement que de compétence par le professeur Antonio La Pergola. Nous le saluons et nous le remercions aussi d'avoir réuni ici tant d'illustres représentants d'institutions européennes ou même extérieures à l'Europe, auxquels j'ai le plaisir d'adresser notre salut. Cette rencontre revêt, en effet, un intérêt particulier en Italie, à la lumière de la nouvelle organisation constitutionnelle des rapports entre l'Etat, les régions et les collectivités locales, introduite par les lois constitutionnelles n° 1 de 1999 et n° 2 et 3 de 2001, qui ont "remodelé" le principe de l'autonomie, mais aussi par rapport à l'application de la réforme, dont notre Cour s'occupe déjà, en interprétant la nouvelle organisation constitutionnelle.

Dans un cadre encore ouvert de transformations des systèmes décentralisés, les Cours constitutionnelles sont appelées, comme nous le savons, à jouer un rôle très complexe dans la recherche d'un point d'équilibre et dans la pondération entre demandes d'autonomie et exigences unitaires. Cela s'explique facilement par des raisons historiques connues, les Cours exercent une fonction que nous pouvons considérer comme typique dans la tradition de la justice constitutionnelle depuis son origine, à partir de l'expérience des Etats-Unis. Il suffit de rappeler que la juridiction constitutionnelle sur les différends entre la fédération et les Etats constitue l'un des chapitres de base de l'histoire de l'organisation fédérale en Allemagne au cours du XIXe siècle; et que ce schéma, repris par la Constitution suisse de 1874 et par la Constitution de la République de Weimar de 1919, a été réélaboré et rationalisé, grâce à l'inspiration de Hans Kelsen, par la Constitution autrichienne de 1920, dans laquelle le noyau central du système de justice constitutionnelle est encore aujourd'hui représenté par la régulation des compétences dans les rapports entre Bund et Länder.

L'introduction progressive, dans les textes constitutionnels, de "catalogues" de droits toujours plus étendus et la nécessité d'équilibrer les valeurs conflictuelles dans les "constitutions du pluralisme" ont certainement fait prévaloir de plus en plus, sur le rôle des Cours constitutionnelles, arbitre des conflits, celui qui concerne ce que l'on appelle la "juridiction des libertés". Toutefois, dans la majeure partie des systèmes décentralisés, qu'ils soient de type fédéral ou régional, la solution des conflits législatifs entre collectivités – de la Belgique à l'Italie, de l'Autriche au Brésil, de l'Allemagne à l'Espagne et à la Russie – ou la solution de controverses relatives aussi à des actes de nature non législative – comme dans les Constitutions de la Suisse, de l'Autriche, de l'Italie, de l'Espagne, du Brésil, du Vénézuéla, de l'Afrique du Sud, etc. – ou encore le rôle d'arbitrage entre l'Etat et les collectivités territoriales mineures (communes, provinces, comtés, regroupements de collectivités, etc.) – comme, par exemple, dans les systèmes de la Bulgarie, de la République tchèque, de la Slovénie, de la Hongrie, de la Bolivie – représentent encore, sans aucun doute, l'une des fonctions les plus importantes exercée par les tribunaux constitutionnels.

Grâce justement à leur jurisprudence, nous pouvons dire que, bien que – comme l'a récemment observé Peter Haberle (Europäische Verfassungslehre, Baden Baden, 2002, 458 ss.) – l'étude comparée des systèmes décentralisés fasse encore apparaître de multiples "variantes", elle met toutefois en évidence des processus significatifs d'assimilation, de "communication" et de réception entre les différents ordres juridiques. Je me limite, sur ce point, à trois considérations concises:

a)   dans la ligne de la tradition du constitutionnalisme, indissolublement liée à l'affirmation de garanties pour la limitation du pouvoir, un schéma de séparation "verticale" des pouvoirs s'est progressivement constitué: la participation des collectivités décentralisées, par leurs propres compétences, à l'exercice de "tâches" publiques, en créant un frein à la concentration du pouvoir, a délimité un système de contrôles réciproques entre les différents niveaux de gouvernement;

b)   dans un processus politique de valorisation "par le bas", c'est-à-dire dans des lieux de décision au niveau le plus proche possible des citoyens, on a contribué à renforcer la légitimité démocratique de toute la structure des pouvoirs publics: dans ce contexte, les indications que l'on peut déduire des traités européens (article 1 TUE) sont d'une grande importance, également par le renvoi au principe de subsidiarité (Article 5 TCE), aujourd'hui expressément admis par certaines Constitutions des pays de l'Union (Article 23 de la loi fondamentale allemande et Article 118 et 120 de la Constitution italienne après la récente réforme);

c)   intervenant en corrélation étroite avec les droits fondamentaux reconnus par les constitutions, la décentralisation s'est révélée comme un facteur particulièrement incisif de pluralisme culturel, par rapport – comme cela a déjà été reconnu en 1978 par une résolution du Conseil de l'Europe – à un "droit" de tout citoyen européen à sa propre identité régionale.

En ce qui concerne l'Italie, je veux rappeler à nos hôtes illustres que les décisions de la Cour constitutionnelle ont "accompagné" les mécanismes cruciaux de l'expérience du régionalisme: il suffit de mentionner la jurisprudence des années soixante sur les normes d'application des statuts des régions à autonomie spéciale; ou celle qui, au début des années soixante-dix, soumit au contrôle de constitutionnalité les transferts des fonctions administratives mis en oeuvre par les décrets délégués de 1972 et ensuite de 1977. A partir des années quatre-vingts, et jusqu'aux réformes administratives entreprises par la loi n° 59 de 1997, la Cour a contribué – également par sa jurisprudence sur le principe de "coopération loyale" – à ramener dans le cadre des normes constitutionnelles sur les compétences les exigences de la croissance des tâches publiques dans l'Etat interventionniste et de prestation (dans les secteurs, par exemple, de la santé ou de l'environnement). Il en a été de même des obligations résultant de l'ordre juridique communautaire, dans l'effort de déterminer des formules souples de participation des différents niveaux de la puissance publique dans la réalisation d'objectifs unitaires communs.

Le rôle également croissant des Cours constitutionnelles dans le domaine des conflits, met d'autre part en évidence, sur un plan général, un élément sur lequel je voudrais faire encore quelques considérations. Bien que représentés, sur le plan conceptuel, dans le domaine des rapports entre collectivités, en référence à des actes ou à des activités qu'on peut classer sur la base du seul critère de la compétence, ces conflits expriment, en vérité, dans une perspective plus profonde, des contrastes dans le système des intérêts des communautés concernées, que l'on peut déterminer selon des indices approximativement significatifs, à commencer par le territoire: communautés "locales", d'une part et communauté "nationale", d'autre part. Plus que seulement de relations entre organisations, non seulement administratives ou de fonctionnement de mécanismes institutionnels, selon des modèles de supra-ordre juridique et plutôt que d'équi-ordre juridique, il s'agit donc de gestion d'intérêts et de besoins de protection de populations tout entières, sans leur forme diversifiée et multiple.

Nous ne pouvons pas, certainement, ne pas reconnaître le caractère efficacement représentatif de toutes les collectivités que nous appelons territoriales, à commencer par l'Etat, forme "exponentielle" – pour reprendre la fameuse expression de Massimo Severo Giannini – de ces communautés. De même, nous devons admettre que les médiations aux niveaux politiques respectifs sont efficaces. Il est par contre, à mon avis, discutable, dans l'hypothèse d'un conflit, que la collectivité supérieure puisse encore être considérée comme titulaire d'un pouvoir de "surveillance" éminent et exclusif ou encore de "tutelle" a l'égard des collectivités dites "mineures". De même qu'il est discutable, au contraire, que les collectivités subordonnées doivent être nécessairement considérées, comme définitivement "émancipés", non seulement pleno et optimo iure mais aussi sans obligations et indépendantes.

Surtout, le doute persiste sur la question de savoir quel est le niveau de décision, politico-législatif et politico-administratif, qui puisse être considéré comme le plus approprié pour la protection des intérêts de cette communauté particulière. Il est évident, en effet, qu'en sortant de l'apriorisme du schéma de la "tutelle" par la collectivité "souveraine", et sous l'impulsion de l'accroissement progressif des relations entre sujets, il faut s'en remettre à la sagesse des choix, conscients de toute façon, de la relativité des représentations des concepts juridiques.

Etant donné que les membres d'une communauté réduite sont toujours, eux-mêmes, membres d'un groupe plus ample de personnes, jusqu'à celui indistinct de la communauté globale; étant donné, en outre, que le territoire d'une collectivité mineure est aussi, évidemment, territoire de la collectivité majeure, jusqu'à, ainsi de suite, celui de l'institution qui, même de grandes dimensions, est politiquement, mais aussi culturellement, encore représentative; étant donné tout cela, il faut en définitive établir si la protection de certains intérêts sur le plan "local" est compatible, et jusqu'à quel point, avec la protection des mêmes intérêts sur un plan plus "général", et vice versa. Le "fait" d'un petit nombre, qui se considère comme confiné dans un certain lieu, peut en vérité en concerner aussi beaucoup d'autres et, par hypothèse, peut les concerner tous, dans un système de résonances directes et aussi indirectes. Et vice-versa: les intérêts collectifs d'une communauté plus ample peuvent finir par concerner ceux d'un groupe réduit qui en fait partie.

Les solutions, loin de concerner des aspects exclusivement "techniques", dépendent des valeurs de référence, de leurs fondements, des appréciations, en définitive, d'ordre éthique, et non seulement politique, que l'on entend assumer. Elles dépendent aussi du degré de complexité que l'organisation, sur la base de la "culture" de ses propres membres, est dans l'ensemble en mesure de supporter.

Il faut souhaiter que, dans tous les cas, au-delà des schémas, on réussisse à obtenir des équilibres raisonnables, pour faire place, dans les institutions appropriées, si ce n'est à toutes les réponses de protection, au moins au plus grand nombre possible de demandes de justice.

REPORTS/RAPPORTS
GERMANY

Mr Siegfried BROß
Judge at the Federal Constitutional Court

I. **Overview on "entities" (in the broadest sense) and their legislative powers**

1. The Federation and the Länder (Federal States)

a) Pursuant to Article 20.1 of the Basic Law, the Federal Republic of Germany is a democratic and social federative state. The feature that is relevant in the context of this seminar, and for the subject of our discussions, is "federative state." The structure of the Federal Republic of Germany is a consequence of this feature: the Federal Republic of Germany consists of the state as a whole (*i.e.,* the Federation) and of the constituent states of the Federation (*i.e.,* the Länder, or Federal States.) The Federation as well as the Länder show the constituent characteristics of a state. They have original state power, which means that their power is not derived from another source of legitimisation. The Federation and its constituent states each have their own constitutional autonomy.

b) The Basic Law divides all state tasks between the Federation and the Länder. It does so, in particular, by assigning the Federation and the Länder legislative competencies for the laws in the formal sense and for administrative competencies (I will come back to this in more detail under III.) On the *Länder* level, state tasks cannot be delegated by assigning legislative competencies in a comparable manner because in Germany, formal laws only exist on the Federal and on the Länder level. On the Länder level, laws are implemented by government agencies, municipal or other agencies.

c) The Federation is not involved in Länder legislation because the constitutional spheres of the Federation and the Länder are strictly separate and independent of each other. As a further consequence of this separation, the Federation has also no supervisory power over the Länder as concerns their legislation and the implementation of Länder laws.

d) The relationship between the Federation and the Länder presents itself quite differently in the opposite direction, i.e., on the Federal level. Pursuant to Article 50 of the Basic Law, the Länder participate through the Bundesrat in the legislation and administration of the Federation and in matters concerning the European Union. If required, I will, in the discussion, expand on how this participation works out in concrete cases.

e)   Disputes between the Federation and a Land – or possibly, between the Federation and all Länder – about legislative or administrative competencies are always of a constitutional nature; this means that if a demand for review exists, such disputes are to be resolved by the Federal Constitutional Court. Below the level of Federal constitutional law, there are, however, disputes involving public law between the Federation and the Länder that are not of a constitutional nature. The matters at issue in such disputes can be e.g., the rights and obligations from State treaties or from administrative agreements (e.g., the assumption of the cost of a joint project.) Pursuant to § 50.1.1 of the Verwaltungsgerichtsordnung (VwGO, Rules of the Administrative Courts), the Bundesverwaltungsgericht (Federal Administrative Court) is competent to rule on such disputes. Although the Federal Administrative Court's main competence is that of a court of appeal, it acts, in such cases, as a court of first instance due to the importance of the matter.

Summary:

The fact that the Federal Republic of Germany is a federative state, i.e., that it consists of the state as a whole and its constituent states, is not only of historical importance although this structure has a historical background of approximately 1,000 years. It was established, in particular against the background of the lamentable developments in recent history:

(1)   with the intention to reduce state power by providing that sovereign state powers are exercised, on the one hand, by a federative state and, on the other hand, by its constituent states; and

(2)   taking into account that the distribution of state power between autonomous holders of power also establishes a system of mutual checks and balances. Such a separation of powers is supposed to protect, to the greatest extent possible, the individual in our state from the state's omnipotence.

2.   Self-governing entities and the right to make by-laws

a)   General remarks

The power to make law that ranks below formal law is not originally derived from the Constitution but from the State. This applies to the Federal and to the Länder level. Legally independent organisations and institutions that are not directly integrated into the state organisation on the Federal or on the Länder level are vested, for their respective sphere of activities and competencies, with their own, autonomous legislative power, which is called Satzungsautonomie (right to make by-laws) in order to distinguish it from the legislative power at state level. The right to make by-laws is the essential element of self-government of these organisations and institutions (in this context, cf. BVerfGE [Decisions of the Federal Constitutional Court] 12, p. 319 [at p. 325]; as concerns the definition and the sense of by-laws, also see BVerfGE 33, p. 125 [at pp. 156 – 157].)

Apart from this, another type of legislative power, which must, however, be strictly distinguished from the above-mentioned right to make by-laws, exists at the Federal and Länder level. This type of legislative power is incumbent upon the executive power at the Federal and Länder level and vests the executive power with the right to enact ordinances. Ordinances are, so to speak, a type of "extended" legislation that is subject to: (1) the strict prerequisites of Article 80.1 of the Basic Law; and to (2) the respective provisions of the Länder constitutions. Only the entities that are specified in 80.1.1 of the Basic Law may be vested with such power by way of a law. The law must precisely specify the body that is vested with such power. Moreover, the extent of the empowerment must be exactly delimited; pursuant to Article 80.1.2 of the Basic Law, the content, purpose and scope of the authorisation to enact ordinances must be specified in the law.

A hierarchy exists between the different levels of law that I have described (i.e., constitutional law, formal statutory law, law that is made below the level of formal law), and if there is no such hierarchy, it must be created. Because, however, two separate constitutional spheres exist in the Federal Republic of Germany, there is, so to speak, a double hierarchy of legislative levels.

The constitutional sphere of the Federation, with the law that is made within this sphere, takes precedence over the entire constitutional sphere of a Land and over the law that is made in this Land. A consequence of this hierarchy is that, ultimately, a Federal ordinance also takes precedence over the Constitution of a Land. As set forth in Article 31 of the Basic Law, Federal law shall take precedence over Land law. In this context, the by-laws have a special status due to the fact that the scope of their application is restricted as regards: (1) the persons to which they are applied; or (2) the territory of their application; this, however, does not affect the hierarchy.

Moreover, what applies to ordinances and by-laws in both constitutional spheres, is: (1) the absolute precedence of the Constitution, (2) the precedence of the law; and (3) within certain limits, the prerequisite that a law is required for granting the power to enact ordinances and by-laws to specific entities. If ordinances and by-laws violate (1) the law that empowers the entity that enacts them; or (2) formal laws; or (3) the Constitution, the so-called ordinary courts (i.e., those German courts not exclusively competent for constitutional matters, as is the Federal Constitutional Court) have the competence to dismiss the ordinance or by-law. In such cases, it is not possible, for reasons of subsidiarity, to invoke the jurisdiction of the Federal Constitutional Court. Some conflicts in this context, however, have also been resolved by the Federal Constitutional Court. The reason why the Federal Constitutional Court was competent to make the Medical Specialist Decision (BVerfGE 33, p. 125) was that in the case at issue, a corporate entity, in this case the Medical Council, had regulated, by way of a by-law, something that the parliament would have had to regulate by way of a formal law because the regulation encroached upon the sphere of the fundamental rights that are protected by Article 12 of the Basic Law.

b)   Personalkörperschaften (corporate entities with personal membership)

Corporate entities with personal membership exist in very different areas of public and business life in the Federal Republic of Germany. Corporate entities with personal membership in the field of business are, for instance, the Chambers of Industry and Commerce, the Chambers of Crafts, the Chambers of Agriculture, and similar institutions. The liberal professions, e.g., lawyers, physicians, and architects, have their respective chambers. In the area of social security there are, for instance, the local health insurance funds and the substitute private health insurance funds. In the cultural sphere, we find institutes of post-secondary education and students' representative associations. The German term for such entities, Personalkörperschaften, reflects their characteristic feature, i.e., personal membership. In this context, personal membership means compulsory membership for everyone who becomes active in the respective branch of the economy. No one can, for instance, take up the profession of a lawyer in Germany if he or she is not admitted to a Chamber of Lawyers. The same applies to physicians and architects if they are self-employed.

The right to make by-laws for corporate entities with personal membership is granted by a law that ranks below the Constitution. For institutes of post-secondary education, special regulations apply because the Länder constitutions circumscribe part of the bases of the by-laws in this field. In Germany, the law that governs post-secondary education, as well as school law, fall under the competence of the Länder because the Länder are competent for the sphere of culture. Hence, it is evident that the relevance of this field is not very high for the jurisprudence of the Federal Constitutional Court. If at all, the requirement of a law for the grant of the power to enact an ordinance or a by-law, or the commitment to the fundamental rights that are guaranteed on the Federal level be of relevance here.

c)   Regional and local authorities/municipal entities

Pursuant to Article 28.2.1 of the Basic Law, municipalities in the Federal Republic of Germany must be guaranteed the right to regulate all local affairs on their own responsibility within the framework of the laws. From this it follows that regional and local authorities (and pursuant to Article 28.2.2 of the Basic Law, associations of municipalities) have a special status; this is a matter of building up democracy from the bottom to the top. It is Länder laws in particular that specify the right of the municipalities, and of associations of municipalities pursuant to Article 28.2.2 of the Basic Law, to make by-laws. The regional and local authorities' right to self-government is only guaranteed within the framework of the laws. It is true, however, that they are entitled to the protection of a core area of the right to self-government. Should a local or regional authority take the view that a Federal or Land law restricts the authority's right to self-administration or its right to make by-laws in an impermissible manner, the affected local or regional authority can, apart from bringing the case before the competent Land constitutional court, also invoke the jurisdiction of the Federal Constitutional Court for the resolution of the conflict by way of a so-called municipal constitutional complaint.

II.   Procedural bases for the resolution of conflicts by the Federal Constitutional Court

1.   Disputes between the Federation and the Länder

The Constitution of the Federal Republic of Germany provides a special type of procedure for achieving decisions in disputes between the Federation and a Land and between the Federation and several or all Länder. The Federal Constitutional Court decides, inter alia pursuant to Article 93.1.3 of the Basic Law, in the case of disagreements about the rights and duties of the Federation and the Länder, particularly as regards the implementation of Federal law by the Länder and the exercise of Federal supervision. In the Federal Constitutional Court's decision-making, the vast majority of disputes between the Federation and the Länder are disagreements about administrative competencies, especially as concerns administrative tasks that the Länder perform on behalf of the Federation. Examples in this context include the disputes about the Kalkar II nuclear power plant, a planned ultimate disposal site for radioactive waste at Schacht Konrad, the downgrading of a Federal highway, and the increase of capacity at the Biblis nuclear power plant. In comparison with this type of disputes, disputes that concern legislative competencies come second, because in the case of disputes that concern legislative competencies, there is the alternative of initiating a proceeding that involves the abstract review of statutes pursuant to Article 93.1.2 of the Basic Law.

2. Abstract review of statutes

In proceedings that involve the abstract review of statutes, the matter at issue can be, for instance, the question that is submitted to the Court upon application of a Land government, whether a Federal law corresponds to the Basic Law's assignment of competencies. As examples in this context, I would like to quote BVerfGE 26, p. 338 – the Railway Crossing Decision – and BVerfGE 61, p. 149, which concerns the liability of public authorities and officials. A Land can also apply for a review of whether a Federal law required the agreement of the Bundesrat (e.g., BVerfGE 55, p. 274 – Apprentice Hiring Act Decision.) It is also possible, however, that the Federal Government or a third of the members of the German Bundestag request the review of whether a Land law is in accord with Federal law, including the Basic Law (e.g., BVerfGE 34, p. 9 – Remuneration Act of the Land Hesse.) What must finally be mentioned in this context are applications for the review of statutes that allege a violation of Article 72.2 of the Basic Law. Pursuant to this Article, the Federation has the right to legislate in the field of concurrent legislative power if and to the extent that the establishment of equal living conditions throughout the Federal territory or the maintenance of legal or economic unity renders Federal legislation necessary in the national interest (as concerns the potential for conflict that this provision contains, see below under III.2.d.)

3. Former competence of the Federal Constitutional Court

Pursuant to a provision of the Federal Constitutional Court Act that was abrogated decades ago, the Federal Constitutional Court could give an expert opinion about the competence of the Federation to enact a specific law. As long as this provision was valid, this competence was utilised only once (BverfGE 3, p. 407 for the Federal Building Act.)

4. Municipal constitutional complaint

By way of municipal constitutional complaints pursuant to Article 93.1.4b of the Basic Law, the Federal Constitutional Court rules on constitutional complaints that are filed by municipalities or associations of municipalities on the ground that their right to self-government under Article 28 of the Basic Law has been violated by a law; in the case of a violation by Land laws, however, the Federal Constitutional Court only rules to the extent that the law cannot be challenged in the constitutional court of the respective Land. In this context, I would like to quote, as an example, the encroachment upon a municipality's planning authority, and hence, upon its right to make by-laws, by a Federal ordinance that establishes noise protection areas (BVerfGE 56, p. 298.) Encroachments by Federal law upon the right to self-government of municipalities and associations of municipalities are rare, however, because in principle, the competence for the matters that concern the municipalities rests with the Land parliament. In the Federal Republic of Germany, so-called municipal law is Land law and not Federal law. In principle, there is no possibility for the Federation to give instructions to municipalities or to take measures against them (cf. BVerfGE 26, p. 172.)

Because the Federation has no statutory authority to supervise the municipalities, the Federation cannot exert direct influence on a municipality if a municipality's by-laws violate Federal law, including the Basic Law. In such a case, it is likely that the Federation requests of the Land that it exerts its supervisory authority to intervene against the municipality. If the Land refuses to do so, it is possible for the Federation and the Land to bring their dispute before the Federal Constitutional Court. However, an easier way for the Federation to achieve its objective is to request an abstract review of the by-law as "Land law" under the terms of Article 93.1.2 of the Basic Law. Such a case has not become relevant in the jurisprudence of the Federal Constitutional Court as yet.

If a municipality intervenes with the legislative competencies of the Federation not through its statutes but otherwise, the Federation has no direct constitutional remedy against the municipality. In such cases, the Federation depends on the intervention of the Land. If the Land in question refuses to intervene, the Federation can, in a dispute with the Land, enforce its assessment by invoking the doctrine of comity. In this context, I make reference to BVerfGE 8, p. 122: Municipal decisions on the organisation of opinion polls on nuclear weapons.

5.   Constitutional complaints and concrete review of statutes

The Federal Constitutional Court quite often examines whether a Land law or a Federal law complies with the distribution of competencies that is enshrined in the Basic Law although at the time there is no direct dispute between the Federation and the Länder. In these contexts, the conflict is only a potential or hypothetical one:

a)   Constitutional complaint

In the Federal Republic of Germany, a constitutional complaint can, pursuant to Article 93.1.4a of the Basic Law in conjunction with § 90.1 and § 93.3 of the Federal Constitutional Court Act, also be filed directly against a law; of course, a constitutional complaint that is lodged against a court ruling can, indirectly, also challenge a law. In such a context, the question may arise whether, in the case of a law that encroaches upon a fundamental right, the legislator that enacted it had the competence to do so. Invoking the personal freedom to act that is protected by Article 2.1 of the Basic Law, an individual can allege the violation of a fundamental right for the sole reason that the Basic Law's objective system of competencies has been violated (BVerfGE 6, p. 32 [at

p. 41] – Elfes Decision – also see, e.g., BVerfGE 67, p. 256 [at pp. 274 et seq.] – Investment Assistance Act Decision.) Also areas that are protected by specific fundamental rights may only be affected by laws for which the legislator that enacted them was competent (cf., e.g., BVerfGE 7, p. 377 [at pp. 386-387] – Pharmacy Decision; BVerfGE 24, p. 367 – Hamburg Dike Law Decision; BVerfGE 65, p. 1 [at p. 63] – Census Decision; BVerfGE 100, p. 313 [at pp. 368 et seq.] – Telephone Monitoring Decision.)

b)   Concrete review of statutes

What gives rise to constitutional review in this type of procedure is the referral from an ordinary court (also from the constitutional court of a Land); the referring court can also state as a reason for alleging the unconstitutionality of a law on the validity of which the court's decision in a specific case depends that the respective parliament is not competent to enact the law in question (e.g., BVerfGE 21, p. 106 – Extended administrative-law objection procedure in Rhineland-Palatinate; BVerfGE 102, p. 99 – Waste Disposal Act in North Rhine-Westphalia.)

6.   Decision of the Federal Constitutional Court

The decisions of the Federal Constitutional Court can be judgements, which are made on account of an oral hearing, or orders, which are issued without an oral hearing. They are always unappealable, and they are binding upon all constitutional bodies, courts and public authorities of the Federation and the Länder. Part of them has the force of law pursuant to § 31 BVerfGG. In this way, the Federal Constitutional Court determines, in a final and unappealable manner, the system of competencies of the Basic Law and takes final decisions about the validity of laws and the competence of their legislator. There are no time-limits for the constitutional review of laws by way of the abstract or concrete review of statutes. It may occur in the decision-making of the Federal Constitutional Court that a law is declared unconstitutional for lack of competence on the side of its legislator even years after it entered into force. It must be pointed out, however, that as regards the concrete review of statutes, the Federal Constitutional Court is only competent to review law that was enacted after the ratification of the Basic Law. Laws enacted before the ratification of the Basic Law can be declared unconstitutional by all courts.

The Federal Constitutional Court provides time-limits only for disputes between the Federation and the Länder and for constitutional complaints. If a constitutional complaint indirectly challenges a law, the time-limit for filing the constitutional complaint starts with the last decision that is based on the law.

7. The relation of the Federal Constitutional Court to the constitutional courts of the Länder

Two constitutional spheres, which are independent of each other, must be distinguished. The constitutional sphere of the Federation is completely independent of the constitutional sphere of a Land, which makes it independent of the constitutional spheres of all Länder. There are therefore, in principle, no overlapping competencies because the review standard of the Federal Constitutional Court, the Basic Law, is different from the review standard of the constitutional courts of the Länder (which is the Constitution of the respective Land.) In principle, the system of the assignment of competencies that is established in the Basic Law is the Federal Constitutional Court's sole review standard (BVerfGE 103, p. 332 [at pp. 349 et seq.]; disputed.)

III. Regulation of legislative powers through the Basic Law and jurisprudence of the Federal Constitutional Court

1. Prevention of conflicts

The system that regulates the assignment of competencies, which is established in the Basic Law aims at preventing conflicts. The Basic Law contains a detailed list of the legislative powers of the Federation; these powers can take the shape of exclusive legislative powers, concurrent legislative powers or the power to make framework legislation; in its Article 70, the Basic Law assigns all other matters to the Länder in overall clauses (residual powers.) As concerns tax legislation, Article 105 of the Basic Law provides a specific assignment of competencies. Thus, the system that regulates the assignment of competencies is seamless and final. It determines which legislator is competent to enact a specific regulation and to what extent it is competent to do so (BVerfGE 55, p. 274 [at p. 298]; this decision states that in Germany one matter can only be regulated by one legislator.) There are no double competencies of the Federation and the Länder for the same matter; the system that regulates the assignment of competencies has a delimiting function (Article 70.2 of the Basic Law, BVerfGE 36, p. 193 [at pp. 202-203]; 61, p. 149 [at p. 204]; 67, p. 299 [at p. 321].)

The system that regulates the assignment of competencies is mandatory, final and non-negotiable. It precludes the assignment or the waiver of competencies (BVerfGE 1, p. 14 [at p. 35]; 55, p. 274 [at p. 301].) The principle *volenti non fit iniuria* is not valid in this context. There is no room for weighing or for applying the principle of proportionality because what is intended is a firm and unambiguous determination of the competence boundaries (BVerfGE 67, p. 256 [at p. 289].) The Basic Law's provisions as regards competencies in Article 73 et seq. are to be interpreted in a strict manner (BVerfGE 61, p. 149 [at p. 174]; with further references.) The law in this context is objective law.

The Federal Beamtenrechtsrahmengesetz (Public Service Framework Act) is situated outside of this system. The Act contains provisions that are directly applicable to the Federation and the Länder although the Federation admittedly has no legislative power in this field. The intention behind this Act is to harmonise public service law.

The decisive factors in deciding to which legal matter a statute belongs are not the will of the parliament and not the nexus but solely the content and the subject of the regulation (BVerfGE 58, p. 137 [at pp. 145-146]; 70, p. 251 [at p. 264].)

For the case of a conflict, rules of conflict have been established. It is true, however, that Article 31 of the Basic Law, which is relevant in this context, is not very important because: (1) it only applies to law that was enacted by a competent legislator; and (2) because conflicts can hardly occur as there are no double competencies.

In the relation between the legislator of the Basic Law and the Länder legislators, the homogeneity clause of Article 28.1 of the Basic Law applies. Pursuant to this clause, a minimum of congruence is required as regards the contents of the Constitutions, but they need not be identical.

2.   Potential for conflicts and resolution of conflicts by the Federal Constitutional Court

a)   The Federal Constitutional Court remedies difficulties that concern the interpretation of the areas of legislation that are listed in Article 73 et seq. of the Basic Law by its binding interpretation (e.g., of the term "telecommunications" in Article 73.1.7 of the Basic Law; cf. BVerfGE 12, p. 205 [at pp. 225 et seq.]; 46, p. 120, [at pp. 139 et seq.].)

b)   Factually, matters are often interlinked, which makes it more difficult to determine the competent legislator to which they are to be assigned. Pursuant to the jurisprudence of the Federal Constitutional Court, regulations that form part of a comprehensive field of regulation must be assigned according to the main focus of the regulation (BVerfGE 97, p. 228 [at pp. 251-252]; 98, p. 265 [at p. 299].) A distinction is also made between the direct and the indirect object of regulation and between the main purpose and the secondary purpose of the regulation (BVerfGE 8, p. 143 [at pp. 148 et seq.]; 13, p. 181 [at p. 196]; 28, p. 119 [at pp. 146 et seq.].)

The Federal Constitutional Court has also unwritten legislative powers by virtue of: (1) the nature of things; or by virtue of (2) a factual connection; or by virtue of (3) the consideration that in certain cases, the Federation can only regulate a matter in a sensible manner if the regulation also extends to other matters (in this context, cf. e.g., BVerfGE 84, p. 133 [at p. 148]; 98, p. 265 [at p. 303].) This is a well-established view in German legal theory, but the boundaries between the three concepts are fluid. However, unwritten legislative powers and administrative competencies are to be disapproved of because they contradict the meaning and the purpose of the constitutional system of the Basic Law.

c)   For cases in which matters that are connected with each other fall partly under the competence of the Federation and partly under the competence of the Länder, the Federal Constitutional Court has developed the unwritten principle of comity (an example can be found in: BVerfGE 12, p. 205 [at p. 249] as concerns broadcasting: The Federation is competent for technical matters in connection with broadcasting, the Länder are competent for organising radio programmes; this means that in this field, a co-operation between the Federation and the Länder is required.)

d)   Due to the constitutional links that exist, conflicts are inevitable in the case of concurrent legislative power and the power to enact framework legislation.

Pursuant to Article 72.1 of the Basic Law, the Länder have power to legislate within the concurrent legislative power as long as and to the extent that the Federation has not exercised its legislative power by enacting a law. Such a law has a blocking effect. Extensive case-law of the Federal Constitutional Court deals with the question whether the Federation has already exhaustively regulated the respective matter (e.g., BVerfGE 98, p. 265 [at pp. 312 et seq.]; dissenting opinion: pp. 352 et seq.)

The so-called necessity clause under Article 72.2 of the Basic Law (old version) was interpreted in a very broad manner and was thereby left, basically, to the discretion of the Federal parliament (BVerfGE 26, p. 338 [at pp. 382-383]; 33, p. 224 [at p. 229]; 65, p. 1 [at p. 63]; 78, p. 249 [at p. 270].)

Pursuant to Article 75 of the Basic Law, the shape of framework legislation must be such that the Länder provide the details for implementation. Also in this context, the case-law of the Federal Constitutional Court shows a tendency to favour the Federation: for some parts of a matter, it is admissible that the Federation regulates them completely (BVerfGE 43, p. 291 [at p. 343]; 66, p. 270 [at p. 285].) Pursuant to the case-law, legislative competence also includes the making of law that is directly applicable to the individual (BVerfGE 80, p. 137 [at p. 157].) Examples for an excessive use of the competence to make framework legislation are the Hochschulrahmengesetz (Post-Secondary Education Framework Act) and the Public Service Framework Act.

In 1994, the Federal Parliament reacted to such excessive use by amending Article 72.2 of the Basic Law. The necessity clause was substituted by a requisiteness clause. Pursuant to this clause, the Federation has the right to legislate on matters within the concurrent legislative power if and to the extent that the establishment of equal living conditions throughout the Federal territory or the maintenance of legal or economic unity requires Federal regulation in the national interest. Article 75.2 of the Basic Law provides that framework legislation may only in exceptional cases contain detailed or directly applicable provisions. This is supposed to compensate the fact that the Länder have lost legislative powers in recent years (BTDrucks [Bundestagsdrucksache, Records of the Bundestag] 12/6000, p. 32.)

e)   Conflicts between the legislative power to regulate specific matters and the constitutional rules that govern public finances can arise, for instance, when the admissibility of a non-tax charge under competence aspects is assessed. The requirements of the constitutional rules that govern public finances are to be complied with when the legislative power to regulate specific matters is made use of (e.g., BVerfGE 93, p. 319 [at pp. 342 et seq.] – Water Penny Decision.)

f)   Further conflicts can arise if legislative powers rest with the Federation but the Länder are of the opinion that the Act requires the consent of the Bundesrat (e.g., BVerfGE 55, p. 274 – Apprentice Hiring Act Decision.)

g)   Conflicts in connection with European integration can arise if a regulation under Community law encroaches, on the level of the member states, upon the competencies of the Länder (e.g., broadcasting, EU Television Directive – BVerfGE 92, p. 203), and the Länder themselves cannot exercise their competencies vis-à-vis the Community. Before the entry into force of Article 23 of the Basic Law in 1992, conflicts were, in most cases, resolved by the Federal Constitutional Court by making reference to procedural duties in accordance with the principle of comity. It must be recognised, however, that the reference to such procedural duties, as compared to a substantive legal position, only has a cover-up function. Procedural duties cannot change a situation that is constitutionally unsatisfactory from the outset, but should, for this very reason, create awareness of the urgent need for action that exists in such a case.

IV.   Resolution of conflicts outside the Federal Constitutional Court

1.   Amendment of the Basic Law as a reaction to the jurisprudence of the Federal Constitutional Court

In this context, I would like to remind of the amendments of, e.g., Articles 72.2 and 75.2 of the Basic Law that I have dealt with before. Just as well, the list of competencies under Article 74 of the Basic Law was amended, in favour of the

Federation, by adding the matter of state liability as a reaction to the decision of the Federal Constitutional Court in BVerfGE 61, p. 149.

2. Amendment of the Basic Law as a reaction to an undesired diversity of regulations

In this context, it must be mentioned that in 1971, the Basic Law was amended by Article 74a in order to end the "remuneration race" between public-service employers on the Federal and Länder level and to create a unified remuneration structure for the public service. The first Remuneration Unification and Amending Law was promulgated even before the entry into force of 74a of the Basic Law (in this context, see BVerfGE 34, p. 9 [at pp. 21 et seq.].)

3. Co-operative federative state

In 1969, the Basic Law was amended by Article 91a. Pursuant to this Article, the Federation participates in the discharge of responsibilities of the Länder (so-called joint tasks.) This abolishes the separation of administrative competencies, and the discharge of tasks that results from it, which had actually been provided in the Basic Law for reasons of the separation of powers. At the same time, Article 91a.2 of the Basic Law confers to the Federation the competence to enact framework legislation, with no effect vis-à-vis the individual. In this context, the law must be mentioned that regulates the joint task of expanding existing institutes of post-secondary education and of establishing new ones.

On the administrative level, the Federation and the Länder co-operate through agreements, which can be administrative agreements or State treaties. Article 91b of the Basic Law only specifies some of the possible areas of such a co-operation. Such agreements have also been concluded for areas the competence of which is disputed between the Federation and the Länder. The "Lindau Agreement", for instance, regulates the distribution of competencies in the field of foreign affairs because cultural affairs fall under the competency of the Länder. However, it must be pointed out in this context that such a regulation can only have declaratory value because neither the Federation nor the Länder may waive the powers and competencies that they are supposed to discharge (in this context, cf. III.1.)

Finally, I would like to draw your attention to an alarming development that has been going on in the Federal Republic of Germany for several decades, namely, that the Länder in numerous fields abolish the existing diversity of manifestations of State action although the federalist system presupposes such diversity and regards it as desirable. The Länder do so, in the field of legislation, by concluding agreements about the unification of laws for which the competence has remained with the Länder. In building regulations law, this development has set in very early; later on, it has also become apparent, for instance, in police law and regulatory law and in the procedural law of the Länder. This development is also critical because the Länder weaken their position vis-à-vis the Federation if every individual Land undermines its position by striving for the unification of law on the Länder level in such a way.

SUISSE

M. Heinz AEMISEGGER
Vice-Président du Tribunal fédéral suisse

I.   Définition des termes

1.   *Comment s'opère la répartition des compétences entre Etat central et entités dotées du pouvoir législatif?*

1.1.   La Confédération suisse est un Etat fédéral formé de 26 entités, les cantons. L'Etat central, soit la Confédération, est doté d'une constitution, la Constitution fédérale du 18 avril 1999 (entrée en vigueur le 1er janvier 2000; abrégée ci-après: Cst.). Ce texte est récent, mais il s'agit en réalité d'une mise à jour du texte de l'ancienne Constitution fédérale du 29 mai 1874, ayant fait l'objet de multiples révisions partielles depuis son adoption, grâce notamment aux instruments de démocratie directe (modifications proposées par voie d'initiative populaire et soumises au vote des citoyens); la nouvelle Constitution fédérale ne modifie donc pas les règles institutionnelles de base (structure fédéraliste, relations entre Confédération et cantons, etc.). Chaque canton dispose, lui aussi, d'une constitution. Les cantons ne sont pas une création de la Constitution fédérale; ils ont en effet préexisté à l'actuel Etat fédéral.

1.2.   Le principe régissant la répartition des compétences entre Confédération et cantons est énoncé à l'article 3 Cst.: "Les cantons sont souverains en tant que leur souveraineté n'est pas limitée par la Constitution fédérale et exercent tous les droits qui ne sont pas délégués à la Confédération". En d'autres termes, les cantons jouissent d'une compétence générale résiduelle, dans tous les domaines où le constituant fédéral n'a pas attribué une compétence à la Confédération. La Constitution fédérale contient ainsi une liste fixant l'ensemble des compétences de la Confédération (cf. article 42 al. 1 Cst.: "La Confédération accomplit les tâches que lui attribue la Constitution"); cette énumération se trouve aux articles 54 à 125 Cst., divisés en dix sections (relations avec l'étranger/sécurité, défense nationale, protection civile/formation, recherche et culture/environnement et aménagement du territoire, etc.). Dans un tel système, il n'appartient donc pas à la Constitution fédérale d'énumérer les tâches des cantons (cf. article 43 Cst.: "Les cantons définissent les tâches qu'ils accomplissent dans le cadre de leurs compétences").

1.3.   Dans ce régime, les constitutions cantonales n'ont pas à fixer de règles de répartition des compétences entre Confédération et cantons. Certaines constitutions rappellent que la souveraineté cantonale existe dans les limites fixées par la Constitution fédérale[1], sans que cela ait une véritable portée; d'autres constitutions ne contiennent aucune disposition sur la répartition des compétences. Les constitutions cantonales énoncent généralement une liste des compétences du canton, dans les différents domaines de l'activité étatique; une telle énumération n'a qu'un effet déclaratif dans le champ de la compétence générale résiduelle défini par l'article 3 Cst.

2.   *Quelle est la nature du pouvoir législatif attribué aux entités territoriales ?*

2.1.   Les cantons jouissent, dans leurs domaines de compétence, d'un pouvoir législatif autonome. Les cantons définissent alors librement la forme et le contenu de leurs lois. Il n'existe pas de "loi-cadre" ni de "loi-type" au niveau fédéral.

2.2.   Comme les cantons sont aussi responsables d'appliquer la législation fédérale dans différents domaines, ils doivent adopter des normes d'exécution du droit fédéral (fédéralisme d'exécution). Cette "délégation de compétences" est, selon les cas, expressément prévue par la Constitution fédérale: ainsi, par exemple, alors que l'article 122 al. 1 Cst. dispose que "la législation en matière de droit civil relève de la compétence de la Confédération", l'alinéa 2 de cet article dit que "l'organisation judiciaire, la procédure et l'administration de la justice en matière de droit civil sont du ressort des cantons". Dans d'autres domaines, le fondement de la compétence des cantons pour les tâches d'exécution, et pour l'adoption des normes nécessaires (compétences déléguées), se trouve dans la législation fédérale spéciale. Les normes cantonales d'exécution du droit fédéral sont parfois soumises à l'approbation de la Confédération, en vertu de règles spéciales de la législation fédérale[2].

2.3.   Dans certains domaines, la Confédération est compétente, en vertu de la Constitution fédérale, pour adopter une législation limitée aux principes (cf. article 75 al. 1 Cst.: "La Confédération fixe les principes applicables à l'aménagement du territoire"; article 129 al. 1 Cst.: "La Confédération fixe les principes de l'harmonisation des impôts directs de la Confédération, des cantons et des communes"). Pour ce qui ne relève pas des principes, déjà régis par le droit fédéral, les cantons conservent dans ces domaines un pouvoir législatif autonome. Cela étant, c'est une imbrication croissante de compétences fédérales et cantonales qui caractérise le système fédéral helvétique

---

1. Par exemple: article 1 de la Constitution du canton de Lucerne, article 1 de la Constitution du canton de Schaffhouse.

2. Cf. par exemple article 52 du Titre final du Code civil suisse [CC]; article 29 de la loi fédérale sur la poursuite pour dettes et la faillite [LP].

contemporain; il n'est pas toujours aisé de définir, dans un domaine, la nature du pouvoir législatif reconnu aux cantons.

2.4. Les cantons ont en outre le pouvoir d'adopter leur propre constitution (il ne s'agit toutefois pas d'un pouvoir "législatif", puisque cette compétence doit être attribuée au peuple du canton – article 51 al. 1 Cst.). La Constitution fédérale prévoit cependant que les constitutions cantonales doivent être "garanties par la Confédération", la garantie étant accordée "si elles ne sont pas contraires au droit fédéral" (article 51 al. 2 Cst.). Le Parlement de la Confédération (Assemblée fédérale) est compétent pour donner la garantie fédérale, après chaque révision totale ou partielle d'une constitution cantonale.

3. *Quels sont les modes de résolution des conflits entre Etat central et entités dotées du pouvoir législatif?*

3.1. Existe-t-il des modes juridictionnels de prévention des conflits ?

Au niveau fédéral, il n'existe en Suisse qu'une seule autorité juridictionnelle supérieure: le Tribunal fédéral, qui exerce à la fois les fonctions d'une Cour constitutionnelle et celles d'une Cour suprême, en matière civile, pénale et administrative. Le Tribunal fédéral n'est en principe pas habilité à exercer un contrôle préventif de la constitutionnalité des normes; il n'est jamais consulté préalablement par le gouvernement ou le Parlement[3]. De façon générale, le Tribunal fédéral ne peut pas être appelé à donner des avis sur l'interprétation de règles de droit, mais seulement à rendre des arrêts pour trancher des contestations.

3.2. Existe-t-il des modes non juridictionnels de résolution des conflits ?

3.2.1. En énonçant le principe selon lequel "la Confédération et les cantons s'entraident dans l'accomplissement de leurs tâches et collaborent entre eux", la Constitution fédérale prévoit que "les différends entre les cantons ou entre les cantons et la Confédération sont, autant que possible, réglés par la négociation ou par la médiation" (article 44 Cst.). Il n'a toutefois pas été institué de médiateur fédéral chargé de la résolution de ces conflits. Il n'existe pas non

---

3. Il faut réserver une hypothèse particulière d'examen préventif de la constitutionnalité d'une norme: celle où une proposition de loi cantonale est présentée par un groupe de citoyen (initiative populaire) pour être soumise au référendum. Avant d'organiser le vote populaire, le parlement cantonal doit vérifier si la proposition est conforme au droit supérieur; cette décision peut faire l'objet d'un recours au Tribunal fédéral, formé par des citoyens qui se plaignent de la violation des règles relatives à l'exercice des droits politiques. Dans ce cadre, le Tribunal fédéral examine à titre préalable, avant l'éventuel vote populaire, le contenu de la norme en cause (cf. par exemple Recueil officiel des Arrêts du Tribunal fédéral suisse [ATF] 124 I 107).

plus, au sein du parlement fédéral, une commission spécialisée chargée de se prononcer sur les questions de répartition des compétences.

3.2.2. Le processus d'élaboration d'une nouvelle loi fédérale, pouvant empiéter sur la compétence générale résiduelle des cantons, fournit toutefois en pratique diverses occasions de règlement des éventuels différends. Les commissions législatives qui préparent l'élaboration des textes légaux entendent souvent les cantons par l'intermédiaire de leurs organes de coordination (conférence des directeurs cantonaux des finances, de l'instruction publique, etc.). Lorsque le gouvernement fédéral propose au parlement l'adoption d'une nouvelle loi, il organise d'abord une procédure de consultation préalable, à laquelle participent les cantons; les résultats de la consultation sont publiés et commentés dans l'exposé écrit du gouvernement à l'intention du parlement ("message du Conseil fédéral"). Le gouvernement se prononce dans son message sur la constitutionnalité du texte proposé, en particulier sur la compétence fédérale pour légiférer. Enfin, lorsque des problèmes d'ordre général surgissent dans l'application du droit fédéral par les cantons, la commission de gestion du parlement fédéral peut intervenir pour résoudre des différends[4].

3.3.   Quels sont les modes juridictionnels de résolution des conflits ?

3.3.1. La plupart des Etats fédéraux ont une juridiction constitutionnelle, qui veille à ce que les règles de partage des compétences soient observées (que les autorités régionales ne s'arrogent pas les pouvoirs des autorités centrales, mais aussi, à l'inverse, que les autorités centrales n'usurpent pas les compétences des autorités locales). En Suisse, la juridiction constitutionnelle existe, mais sous une forme imparfaite car elle est en quelque sorte à sens unique. Les actes cantonaux y sont contrôlables (avec une réserve pour la constitution cantonale); en revanche, les actes fédéraux ne le sont pas (hormis des normes de niveau réglementaire, à savoir les ordonnances du gouvernement fédéral édictées sur la base de lois fédérales). Cette limitation de la juridiction constitutionnelle résulte de l'article 191 Cst., aux termes duquel "le Tribunal fédéral et les autres autorités sont tenus d'appliquer les lois fédérales et le droit international" (la Constitution fédérale de 1874 énonçait le même principe). En tant que cour constitutionnelle et cour suprême, le Tribunal fédéral ne peut donc pas contrôler la constitutionnalité d'une loi fédérale. Il a été question récemment, dans le cadre de la révision générale de la Constitution fédérale, d'assouplir voire de supprimer cette limitation, mais ce régime particulier a en définitive été maintenu; sans doute le considère-t-on comme propre à la conception traditionnelle suisse de la démocratie semi-directe: la possibilité d'un vote

---

4. Cf. par exemple le rapport de la Commission de gestion du Conseil des Etats du 5 avril 2002 intitulé "Requête à l'autorité de surveillance des cantons concernant la jurisprudence du Conseil fédéral en matière de recours contre les décisions tarifaires des gouvernements cantonaux selon l'assurance-maladie" (peut être consulté sur le site internet www.parlament.ch).

populaire référendaire (s'il est requis selon les formes prévues par la Constitution) sur chaque loi adoptée par le parlement fédéral justifie que le peuple ait, effectivement ou implicitement (si le référendum n'est pas demandé), le dernier mot.

3.3.2. Le Tribunal fédéral peut ainsi, en tant que Cour constitutionnelle, être saisi pour contrôler si une loi cantonale empiète sur les compétences de la Confédération. Si la contestation porte directement sur la loi elle-même, le Tribunal fédéral intervient en premier et dernier ressort (sous réserve du cas des rares cantons qui ont choisi d'instituer une Cour constitutionnelle cantonale, le Tribunal fédéral pouvant alors statuer en deuxième instance).

3.3.3. Le Tribunal fédéral ne peut pas être saisi par une autre autorité judiciaire de la Confédération ou des cantons pour rendre un avis, à titre préjudiciel, sur la constitutionnalité d'une norme. La procédure d'avis préjudiciel est étrangère au système juridictionnel suisse. En revanche, les autorités judiciaires des cantons sont tenues d'examiner à titre préjudiciel, dans les constatations qu'elles ont à trancher et sur demande d'une partie, la conformité avec la Constitution fédérale du droit cantonal qu'elles ont la charge d'appliquer. Ainsi, ces autorités devront refuser d'appliquer une norme cantonale qu'elles auront reconnue comme non conforme aux règles de répartition des compétences. On permet de cette façon un contrôle "diffus" de la constitutionnalité du droit cantonal.

II.   Comment se noue le procès ?

1.   *Dans la pratique, quelle est l'origine des conflits entre Etat central et entités territoriales en matière législative ?*

1.1.   La conception limitée de la juridiction constitutionnelle en Suisse – qui résulte de l'article 191 Cst., interdisant au Tribunal fédéral de contrôler la constitutionnalité des lois fédérales, aussi bien directement que dans les contestations portant sur des actes d'application – a pour conséquence qu'il n'est possible, dans la pratique, de saisir le Tribunal fédéral qu'aux fins de juger si une loi cantonale empiète sur les compétences législatives de la Confédération. Certes, les actes législatifs fédéraux qui n'émanent pas du parlement fédéral, à savoir les ordonnances du gouvernement (Conseil fédéral), échappent en principe à la restriction de l'article 191 Cst.; mais ces actes sont fondés sur une délégation législative et le Tribunal fédéral examine alors si la norme visée reste dans les limites des pouvoirs conférés par la loi à l'auteur de l'ordonnance car il ne peut pas contrôler si la délégation elle-même est admissible. En d'autres termes, il est rare que le Tribunal fédéral ait à examiner si une norme fédérale – en l'occurrence une ordonnance du gouvernement – empiète sur les compétences cantonales.

1.2. La Suisse n'étant pas membre de l'Union européenne, la réglementation européenne n'a d'influence ni directe ni indirecte sur la répartition des compétences entre la Confédération et les cantons.

2. *Quels sont les conflits entre Etat central et entités territoriales en matière exécutive ?*

Dans le système fédéraliste suisse, la tâche d'appliquer les lois fédérales est parfois confiée à des organes de l'administration fédérale, mais il est fréquent que les cantons soient chargés de l'exécution du droit fédéral (par exemple en matière de protection de l'environnement ou de protection des milieux naturels). Il arrive que, dans un même contexte ou pour un même projet, deux autorités – l'une fédérale, l'autre cantonale – soient compétentes pour statuer, chacune en application de la législation qu'elle doit appliquer. Un conflit peut naître au sujet de la délimitation de ces compétences respectives. Ces problèmes surgissent avant tout dans l'application du droit des constructions au sens large (l'ensemble des normes régissant l'utilisation du sol et des ressources naturelles), où le système juridique suisse connaît souvent des "procédures complexes": la relation de droit administratif met en cause un ensemble d'enjeux dans la même affaire, exigeant des diverses autorités compétentes l'application coordonnée de plusieurs législations (de niveau fédéral et cantonal), l'interprétation de notions juridiques indéterminées et l'exercice d'un pouvoir d'appréciation. Pour résoudre ces conflits de compétence dans les procédures d'autorisation ou de concession, il s'agit en définitive d'interpréter, en fonction des particularités du cas d'espèce, les normes du droit fédéral et du droit cantonal que les différentes autorités doivent appliquer.

3. *Quelles sont les modalités de saisine de la cour constitutionnelle en cas de conflit entre Etat central et entités territoriales ?*

3.1. La Constitution fédérale définit les attributions du Tribunal fédéral en matière de juridiction constitutionnelle: il connaît notamment des "différends de droit public entre la Confédération et les cantons" (article 189 al. 1 let. d Cst.). La loi fédérale d'organisation judiciaire (OJ) règle les modalités de saisine.

3.2. L'action ouverte devant le Tribunal fédéral en règlement d'un conflit de compétence entre la Confédération et un canton ("différend de droit public" au sens de l'article 189 Cst.) est la "réclamation de droit public", prévue à l'article 83 let. a OJ ("Le Tribunal fédéral connaît des conflits de compétence entre autorités fédérales d'une part et autorités cantonales d'autre part"). Cette voie de droit est ainsi ouverte lorsqu'il y a désaccord entre un canton et la Confédération au sujet de la délimitation de leurs attributions respectives, qu'il s'agisse d'un conflit de compétence positif ou négatif. Le conflit de compétence peut toucher à la législation ou à l'application de la loi. Les règles de procédure ont été fixées, dans une large mesure, par la jurisprudence, en l'absence d'une réglementation légale spécifique (la réglementation du recours de droit public, voie de droit "ordinaire" de la juridiction constitutionnelle, étant toutefois appliquée par analogie, le cas échéant – cf. infra, III/1.4).

3.3. En règle générale, dans la procédure de la réclamation de droit public, le Tribunal fédéral ne peut être saisi que par la Confédération ou le canton concerné (en l'occurrence par des autorités supérieures de ces collectivités)[5]. Ni la loi ni la jurisprudence ne prévoient un délai de saisine[6]. Il faut cependant que le conflit de compétence soit actuel et concret au moment où la réclamation est déposée. En règle générale, la contestation doit porter sur un acte passé en force, non sur un simple projet; mais on admet aussi, suivant les circonstances, que la réclamation puisse être déposée lors de l'introduction d'une procédure conduisant à l'adoption d'une règle de droit ou à celle d'une décision d'application de la loi[7]. Le droit fédéral ne fixe pas au Tribunal fédéral un délai pour se prononcer sur la réclamation; en pratique, l'arrêt est généralement rendu quelques mois après l'ouverture de la procédure.

4. *Quelle est la typologie des moyens invoqués dans les saisines ?*

Le Tribunal fédéral est rarement appelé à se prononcer sur des réclamations de droit public. Au cours de ces dernières années, il a dû notamment résoudre des conflits de compétence en matière d'autorisation, cantonale ou fédérale, pour l'exploitation de machines à sous, la Constitution fédérale prévoyant à ce propos en principe une compétence fédérale mais confiant aux cantons la tâche d'homologuer certains appareils (article 106 Cst.)[8]; en matière de compétence pour autoriser la consultation de dossiers de police établis par les cantons en vue d'assurer la sécurité de la Confédération (l'article 57 al. 1 Cst. prévoit que "la Confédération et les cantons pourvoient à la sécurité du pays et à la protection de la population dans les limites de leurs compétences respectives")[9]; en matière d'effets du mariage, relevant du droit civil fédéral (article 122 al. 1 Cst.), en relation avec la titularité du droit de cité cantonal et communal[10]; ou

---

5. Mais les particuliers éventuellement impliqués sont entendus à titre d'intéressés (ATF 117 Ia 202 consid. 1c p. 207). Il convient cependant de mentionner un cas spécial de recevabilité de la réclamation de droit public selon l'article 83 let. a OJ: cette voie est également ouverte pour trancher des conflits de compétence entre la juridiction militaire fédérale et la juridiction pénale ordinaire, en principe cantonale; en pareil cas, la personne visée par la procédure pénale est habilitée à saisir le Tribunal fédéral (cf. ATF 116 Ia 70). Il est très rare que le Tribunal fédéral soit saisi de telles réclamations de droit public.

6. Cf. ATF 117 Ia 221 consid. 1a p. 226

7. Cf. ATF 125 II 152 consid. 1 p. 159; ATF 103 Ia 329 consid. 2a p. 333.

8. Cf. ATF 125 II 152 (affaire jugée en 1999)

9. Cf. ATF 117 Ia 202; ATF 117 Ia 221 (affaires jugées en 1991)

10. Cf. ATF 108 Ib 392 (affaire jugée en 1982)

encore en matière de construction d'une installation de production d'énergie nucléaire (compétence fédérale d'après l'article 90 Cst.) sur un terrain où le régime d'utilisation du sol est fixé par le canton (d'après l'article 75 al. 1 Cst., l'aménagement du territoire incombe aux cantons)[11]. Dans les espèces précitées, la contestation portait sur des questions de fond, à savoir l'interprétation des normes constitutionnelles ou législatives fédérales censées fonder la compétence des autorités fédérales pour régler la matière de façon exhaustive ou pour octroyer les autorisations nécessaires. Cela étant, la procédure de la réclamation de droit public pour trancher un conflit de compétence entre autorités fédérales et cantonales (article 83 let. a OJ) n'étant utilisée qu'occasionnellement, il est vain d'élaborer, sur la base d'une jurisprudence peu abondante, une véritable typologie des moyens invoqués dans ce cadre.

III. Comment se déroule le procès ?

1.   *Quelles sont les références constitutionnelles utilisées par la Cour constitutionnelle pour la résolution de ce type de conflits ?*

1.1. Le partage des compétences entre autorités fédérales et autorités cantonales est opéré, sans lacunes, par le droit constitutionnel fédéral écrit. Les textes attributifs de compétences doivent être interprétés selon les méthodes ordinaires d'interprétation des normes du droit public (sur la base du texte de la norme, de son sens et de son but, en fonction des intentions du constituant, des diverses normes de l'ordre juridique et des tendances ou conceptions passées et présentes[12]).

1.2. La Constitution fédérale énonce une règle de conflit: "le droit fédéral prime le droit cantonal qui lui est contraire" (article 49 al. 1 Cst.; principe dit de la primauté, ou de la force dérogatoire du droit fédéral). Cette disposition sanctionne le partage des compétences législatives: elle résout le conflit entre deux règles générales et abstraites, l'une fédérale et l'autre cantonale. Selon ce principe, les cantons ne sont pas autorisés à légiférer dans les domaines réglementés de façon exhaustive ou exclusive par le droit fédéral; dans d'autres domaines, en cas de compétences fédérales et cantonales concurrentes (notamment lorsque la Constitution fédérale prévoit un partage des compétences – par exemple pour l'aménagement du territoire, où la législation fédérale est limitée aux principes [article 75 al. 1 Cst.] – ou encore lorsque les cantons gardent provisoirement le pouvoir de légiférer avant l'adoption d'une réglementation fédérale exhaustive), il découle de ce principe que les cantons peuvent édicter des règles de droit qui ne violent ni le sens ni l'esprit du droit

---

11. Cf. ATF 103 Ia 329 (affaire jugée en 1977)

12. A propos des méthodes d'interprétation des normes du droit public, cf. ATF 128 I 34 consid. 3b p. 40ss.

fédéral, et qui n'en compromettent pas la réalisation[13]. Le Tribunal fédéral n'applique pas d'autres principes généraux lorsqu'il doit trancher un conflit de compétence, mais il tient compte, dans l'interprétation des normes de la Constitution fédérale, des conceptions et enjeux actuels.

1.3. La règle de conflit de l'article 49 al. 1 Cst. peut être invoquée uniquement en faveur de la Confédération. Il serait concevable, dans les cas de compétence exclusive des cantons – là où la Constitution fédérale ne permet pas à la Confédération d'empiéter sur leur compétence générale résiduelle –, de déduire de l'article 3 Cst. (cf. supra, I/1.2) un principe de la force dérogatoire du droit cantonal, pouvant être invoqué aux fins de faire échec à une compétence fédérale usurpée (cf. aussi article 47 Cst.). Mais la limitation de la juridiction constitutionnelle résultant de l'article 191 Cst. (cf. supra, I/3.3.1) empêcherait en définitive les cantons de s'en prévaloir avec succès, puisque le Tribunal fédéral est tenu d'appliquer les lois fédérales, même si la base constitutionnelle de la compétence législative fédérale est douteuse.

1.4. Le principe de la force dérogatoire ou de la primauté du droit fédéral n'est pas seulement invoqué devant le Tribunal fédéral par la Confédération, lorsqu'elle demande la résolution d'un conflit de compétence par la voie de la réclamation de droit public (article 83 let. a OJ – cf. supra, II/3); il peut être aussi invoqué par des particuliers, à l'appui d'un recours de droit public dirigé contre une loi ou une décision cantonales. En matière de juridiction constitutionnelle, le Tribunal fédéral est en effet compétent pour connaître "des réclamations pour violation de droits constitutionnels" (article 189 al. 1 let. a Cst.), réclamations qui lui sont soumises selon la procédure du recours de droit public régie par les article 84ss OJ. Le catalogue des "droits constitutionnels des citoyens" dont la violation peut être dénoncée par ce biais (article 84 al. 1 let. a OJ) comprend non seulement les libertés publiques ou les droits fondamentaux mais également, en vertu d'une jurisprudence déjà ancienne, le principe de la primauté du droit fédéral[14]. Le recours de droit public peut être formé, dans un délai de trente jours (article 89 OJ), par tout citoyen (personne physique ou personne morale) qui justifie d'un intérêt juridiquement protégé à l'annulation de l'acte attaqué (article 88 OJ); cette voie de droit n'est toutefois pas ouverte, en principe, aux collectivités publiques ni aux autorités, cantonales

---

13. Cf. ATF 128 I 46 consid. 5 p. 54 (définition jurisprudentielle du principe de la primauté du droit fédéral).

14. Avant que ce principe ne soit clairement consacré dans le texte de la Constitution fédérale lors de la révision du 18 avril 1999 (article 49 al. 1 Cst.), il avait été déduit, par le Tribunal fédéral, de l'article 2 des Dispositions transitoires de la Constitution du 29 mai 1874 ("Les dispositions des lois fédérales, des concordats et des constitutions ou des lois cantonales contraires à la présente constitution cessent d'être en vigueur par le fait de l'adoption de celle-ci ou de la promulgation des lois qu'elle prévoit").

ou fédérales[15]. Un recours pour violation du principe de la primauté du droit fédéral peut être dirigé contre une loi cantonale, immédiatement après son adoption (procédure de contrôle abstrait de la constitutionnalité des normes), ou encore contre un acte d'application d'une loi cantonale (procédure de contrôle concret, à titre préjudiciel, de la constitutionnalité de la norme cantonale sur laquelle est fondée la décision attaquée). Il est courant que le Tribunal fédéral soit saisi de tels recours de droit public, pour examiner d'emblée la constitutionnalité d'une loi cantonale et, plus souvent encore, pour contrôler à titre préjudiciel, avant de se prononcer directement sur la décision attaquée, si le législateur cantonal a observé dans le domaine concerné les règles de répartition des compétences. Sur le fond, il applique alors les mêmes règles et principes que s'il était saisi d'une réclamation de droit public au sens de l'article 83 let. a OJ.

1.5.   En pratique, les autorités fédérales utilisent peu la procédure de la réclamation de droit public, tandis que les particuliers agissent régulièrement par la voie du recours de droit public en vue de faire respecter le principe de la primauté du droit fédéral, en attaquant directement une loi cantonale (contrôle abstrait) ou présentant ce grief dans un litige relatif à un acte d'application (contrôle concret). La Confédération laisse ainsi, en quelque sorte, aux particuliers ayant un intérêt propre à ce que le respect du partage des compétences soit assuré, le soin d'agir eux-mêmes et de coopérer ainsi, de façon indirecte, au maintien de l'harmonie fédérale.

2.   *Les opinions dissidentes des juges sont-elles publiées ?*

Le Tribunal fédéral publie ses arrêts sans les éventuelles opinions dissidentes de juges. Cela étant, le Tribunal fédéral est tenu de délibérer en séance publique lorsqu'il n'y a pas unanimité, parmi les membres de la Cour (trois, cinq ou sept juges, selon les cas), au sujet du jugement à rendre (article 15, 36a et 36b OJ). Les opinions dissidentes sont ainsi communiquées oralement.

3.   *Quels sont les effets de la décision de la Cour constitutionnelle sur la norme contrôlée ?*

3.1.   La décision du Tribunal fédéral n'a pas d'effet constitutif: la norme contrôlée entre en vigueur indépendamment de la procédure de réclamation ou de recours. Une fois que le Tribunal fédéral est saisi, il peut toutefois prononcer l'effet suspensif ou ordonner d'autres mesures provisionnelles (article 94 OJ).

---

15. Si le recours de droit public n'est en principe pas ouvert à l'Etat (Confédération ou cantons), le droit de recours des communes, pour violation de leur autonomie, est expressément réservé (article 189 al. 1 let. b Cst.).

3.2. Lorsqu'il admet une réclamation de droit public ou un recours de droit public dirigé contre une norme générale et abstraite, le Tribunal fédéral annule cette norme. Dans la procédure de contrôle abstrait de la constitutionnalité des normes (recours de droit public), le Tribunal fédéral ne peut annuler que l'acte attaqué, à savoir une décision d'application; il appartient alors à l'auteur de la norme viciée de la modifier.

IV. Comment est reçue la solution du procès ?

1. *Quelle est l'autorité des décisions de la Cour constitutionnelle ?*

Les arrêts du Tribunal fédéral, en matière de juridiction constitutionnelle comme dans les autres matières, ne peuvent plus faire l'objet d'un recours au niveau national (ils passent en force de chose jugée dès qu'ils sont prononcés – article 38 OJ). La jurisprudence fédérale doit être appliquée par toutes les autorités de la Confédération et des cantons, notamment par les tribunaux (tribunaux ordinaires ou cours constitutionnelles des tribunaux cantonaux, là où elles ont été instituées).

2. *Comment sont comprises les décisions de la cour constitutionnelle ?*

2.1. Les arrêts du Tribunal fédéral sont motivés en fait et en droit; la motivation est généralement assez développée, avec des références à la jurisprudence et aux avis de la doctrine. Les arrêts les plus importants font l'objet d'une publication officielle et d'une large diffusion (sous forme d'une revue périodique); tous les autres arrêts peuvent être consultés "en ligne"[16]. La jurisprudence constitutionnelle donne souvent lieu à un débat public, la presse "généraliste" s'en faisant fréquemment l'écho (notamment lorsqu'une délibération publique est ordonnée, à cause de l'importance de l'affaire ou des divergences entre les juges). On peut considérer que cette jurisprudence est présentée de façon suffisamment explicite, qu'elle est bien diffusée et qu'elle est également bien comprise par les autorités intéressées. Les arrêts du Tribunal fédéral ne sont généralement pas critiqués publiquement ou officiellement par les autorités fédérales ou cantonales, ni par les responsables politiques. Il font l'objet de commentaires de la doctrine, auxquels la jurisprudence se réfère ensuite.

2.2. Le régime institutionnel helvétique permet et favorise les révisions partielles et ponctuelles de la Constitution fédérale ainsi que des constitutions cantonales, à l'initiative des autorités mais aussi du peuple; des votes populaires sont régulièrement organisés à ce sujet (au niveau fédéral, une révision partielle de la Constitution peut être demandée à tout moment par le peuple, à savoir par 100 000 citoyens – article 138 Cst.; un droit d'initiative populaire comparable

---

16. Site internet www.bger.ch.

existe dans les cantons). Il est difficile d'évaluer l'influence de la jurisprudence constitutionnelle dans ce contexte, pour déterminer son rôle dans l'élaboration de projets d'amendements. Au cours de ces dernières années, les arrêts du Tribunal fédéral n'ont toutefois pas été directement ou immédiatement à l'origine de révisions constitutionnelles modifiant la répartition des compétences entre la Confédération et les cantons.

3. *Quelle est la place occupée par la résolution des conflits entre Etat central et entités territoriales dotées du pouvoir législatif dans l'activité de la Cour constitutionnelle ?*

La juridiction constitutionnelle n'est qu'une des tâches du Tribunal fédéral, qui est aussi l'autorité judiciaire suprême de la Confédération en matière civile, pénale et administrative (article 190 Cst.), et qui rend globalement environ 5'000 arrêts par an. La résolution des conflits de compétence entre autorités fédérales et autorités cantonales, selon la procédure constitutionnelle "ordinaire" de la réclamation de droit public (cf. supra, II/3), est très peu utilisée (en moyenne une affaire par année). Quant aux recours de droit public formés par des particuliers pour violation du principe de la primauté du droit fédéral (cf. supra, III/1.4), ils ne représentent qu'une faible partie de l'ensemble des recours de droit public, la juridiction constitutionnelle étant avant tout utilisée pour la protection des droits individuels ou des libertés publiques (le grief de violation du principe de la primauté du droit fédéral est au reste souvent invoqué en relation avec d'autres griefs, tirés de la violation des droits fondamentaux).

ANNEXES

A)   *Eléments statistiques*:

Nombre de réclamations de droit public (y compris les différends de droit public entre cantons) liquidées par le Tribunal fédéral:

1990	1991	1992	1993	1994	1995	1996	1997	1998	1999	2000	2001
1	6	3	1	1	0	1	0	0	3	0	0

Nombre de recours de droit public pour violation des droits constitutionnels (tous griefs confondus, y compris violation du principe de la primauté du droit fédéral) traités par le Tribunal fédéral:

1990	1991	1992	1993	1994	1995	1996	1997	1998	1999	2000	2001
1783	1883	2065	2102	2328	2140	2140	2208	2194	2265	2140	2099

B) *Dispositions de la Constitution fédérale relatives aux compétences respectives de la Confédération et des cantons, ainsi qu'aux conflits de compétence:*

Art. 3 *Cantons*	Les cantons sont souverains en tant que leur souveraineté n'est pas limitée par la Constitution fédérale et exercent tous les droits qui ne sont pas délégués à la Confédération.
Art. 42 *Tâches de la Confédération*	**1.** La Confédération accomplit les tâches que lui attribue la Constitution. **2.** Elle assume les tâches qui doivent être réglées de manière uniforme.
Art. 43 *Tâches des cantons*	Les cantons définissent les tâches qu'ils accomplissent dans le cadre de leurs compétences.
Art. 44 *Principes*	**1.** La Confédération et les cantons s'entraident dans l'accomplissement de leurs tâches et collaborent entre eux. **2.** Ils se doivent respect et assistance. Ils s'accordent réciproquement l'entraide administrative et l'entraide judiciaire. **3.** Les différends entre les cantons ou entre les cantons et la Confédération sont, autant que possible, réglés par la négociation ou par la médiation.
Art. 45 *Participation au processus de décision sur le plan fédéral*	**1.** Les cantons participent, dans les cas prévus par la Constitution fédérale, au processus de décision sur le plan fédéral, en particulier à l'élaboration de la législation. **2.** La Confédération informe les cantons de ses projets en temps utile et de manière détaillée; elle les consulte lorsque leurs intérêts sont touchés.
Art. 46 *Mise en oeuvre du droit fédéral*	**1.** Les cantons mettent en oeuvre le droit fédéral conformément à la Constitution et à la loi. **2.** La Confédération laisse aux cantons une marge de manoeuvre aussi large que possible et tient compte de leurs particularités. **3.** La Confédération tient compte de la charge financière qu'entraîne la mise en oeuvre du droit fédéral; elle laisse aux cantons des sources de financement suffisantes et opère une péréquation financière équitable.
Art. 47 *Autonomie des cantons*	La Confédération respecte l'autonomie des cantons.
Art. 48 *Conventions intercantonales*	**1.** Les cantons peuvent conclure des conventions entre eux et créer des organisations et des institutions communes. Ils peuvent notamment réaliser ensemble des tâches d'intérêt régional. **2.** La Confédération peut y participer dans les limites de ses compétences. **3.** Les conventions intercantonales ne doivent être contraires ni au droit et aux intérêts de la Confédération, ni au droit des autres cantons. Elles doivent être portées à la connaissance de la Confédération.
Art. 49 *Primauté et respect du droit fédéral*	**1.** Le droit fédéral prime le droit cantonal qui lui est contraire. **2.** La Confédération veille à ce que les cantons respectent le droit fédéral.

Art. 188 *Rôle du Tribunal fédéral*	**1.** Le Tribunal fédéral est l'autorité judiciaire suprême de la Confédération. **2.** La loi règle l'organisation et la procédure. **3.** Le Tribunal fédéral règle l'organisation de son administration. **4.** Lors de l'élection des juges du Tribunal fédéral, l'Assemblée fédérale veille à ce que les langues officielles soient représentées.
Art. 189 *Juridiction constitutionnelle*	**1.** Le Tribunal fédéral connaît: a. des réclamations pour violation de droits constitutionnels; b. des réclamations pour violation de l'autonomie des communes et des autres garanties accordées par les cantons aux corporations de droit public; c. des réclamations pour violation de traités internationaux ou de conventions intercantonales; d. des différends de droit public entre la Confédération et les cantons ou entre les cantons. **2.** La loi peut confier à d'autres autorités fédérales la tâche de trancher certains litiges.
Art. 190 *Juridiction civile, pénale et administrative*	**1.** La loi règle la compétence du Tribunal fédéral en matière civile, pénale et administrative ainsi que dans d'autres domaines du droit. **2.** Les cantons peuvent, avec l'approbation de l'Assemblée fédérale, placer sous la juridiction du Tribunal fédéral des différends qui relèvent du droit administratif cantonal.

FEDERATION DE RUSSIE

M. Nikolay VITROUK
Juge à la Cour constitutionnelle

I. **Les fondements juridiques de la délimitation des domaines de compétences et des attributions des organes du pouvoir d'Etat de la Fédération de Russie et de ses sujets**

Selon l'article premier de la Constitution de la Fédération de Russie en vigueur depuis 1993, la Fédération de Russie est un Etat démocratique, fédéral, un Etat de droit ayant une forme républicaine de gouvernement. La Fédération de Russie est composée de 89 sujets égaux en droits : des républiques (au nombre de 21), des territoires (au nombre de 6), des régions (au nombre de 49), des villes d'importance fédérale (Moscou, capitale de la Fédération de Russie, et Saint-Pétersbourg), d'une région autonome, des districts autonomes (au nombre de 10) (article 5.1 de la Constitution de la Fédération de Russie). La Constitution de la Fédération de Russie établit également que dans les rapports mutuels avec les organes fédéraux du pouvoir d'Etat tous les sujets de la Fédération de Russie sont égaux entre eux (article 5.4).

Conformément à l'article 5.3 de la Constitution de la Fédération de Russie, la structure fédérale de la Fédération de Russie est fondée sur son intégrité comme Etat, l'unité du système du pouvoir d'Etat, la délimitation des domaines de compétence et des attributions entre les organes du pouvoir d'Etat de la Fédération de Russie et les organes du pouvoir d'Etat des sujets de la Fédération de Russie, l'égalité en droits et l'autodétermination des peuples dans la Fédération de Russie.

La délimitation des domaines de compétence et des attributions entre les organes du pouvoir d'Etat de la Fédération de Russie et les organes du pouvoir d'Etat de ses sujets est effectuée sur la base de la Constitution de la Fédération de Russie, des lois fédérales, du Traité fédéral et d'autres accords relatifs à la délimitation des domaines de compétence et des attributions (article 11.3 de la Constitution de la Fédération de Russie). Les décisions de la Cour Constitutionnelle de la Fédération de Russie et ses positions juridiques qui y sont contenues jouent un grand rôle dans la concrétisation et la précision des domaines de compétence et des attributions entre la Fédération de Russie et ses sujets.

La délimitation des domaines de compétence de la Fédération de Russie et de ses sujets est prévue par la Constitution de la Fédération de Russie : l'article 71 détermine le domaine de compétence de la Fédération de Russie et l'article 72 – le domaine de compétence conjointe de la Fédération de Russie et des sujets de la Fédération de Russie.

Conformément aux paragraphes 1 et 2 de l'article 76 de la Constitution de la Fédération de Russie, dans le domaine de compétence de la Fédération de Russie sont adoptées des lois constitutionnelles fédérales et des lois fédérales ayant effet direct sur l'ensemble du territoire de la Fédération de Russie ; dans le domaine de compétence conjointe de la Fédération de Russie et des sujets de la Fédération de Russie sont adoptées des lois fédérales et des lois et d'autres actes juridiques normatifs des sujets de la Fédération de Russie, pris en conformité avec elles.

Des lois fédérales ainsi que des accords intérieurs entre la Fédération de Russie et ses sujets déterminent les attributions des organes fédéraux du pouvoir d'Etat ainsi que des organes du pouvoir d'Etat des sujets de la Fédération de Russie dans le domaine de compétence conjointe de la Fédération de Russie et de ses sujets.

La Constitution de la Fédération de Russie établit la primauté de la Constitution de la Fédération de Russie, des lois constitutionnelles fédérales et des lois fédérales dans les domaines de compétence de la Fédération de Russie et le domaine de compétence conjointe de la Fédération de Russie et de ses sujets.

Conformément à l'article 76.5 de la Constitution de la Fédération de Russie, les lois et d'autres actes juridiques normatifs des sujets de la Fédération de Russie ne peuvent être contraires aux lois fédérales adoptées dans les domaines de compétence de la Fédération de Russie et dans les domaines de compétence conjointe de la Fédération de Russie et de ses sujets ; en cas de contradiction entre une loi fédérale et un autre acte adopté dans la Fédération de Russie, la loi fédérale prévaut.

L'article 73 de la Constitution de la Fédération de Russie établit qu'en dehors des limites de la compétence de la Fédération de Russie et des attributions de la Fédération de Russie dans les domaines de compétence conjointe de la Fédération de Russie et des sujets de la Fédération de Russie, les sujets de la Fédération de Russie possèdent la plénitude du pouvoir d'Etat. Les domaines de compétence et les attributions des organes du pouvoir d'Etat des sujets de la Fédération de Russie sont concrétisés et établis par les Constitutions (Statuts) et par les lois des sujets de la Fédération de Russie.

En dehors des limites de la compétence de la Fédération de Russie, de la compétence conjointe de la Fédération de Russie et des sujets de la Fédération de Russie, les républiques, les territoires, les régions, les villes d'importance fédérale, la région autonome et les districts autonomes exercent leur propre réglementation juridique y compris l'adoption de lois et d'autres actes juridiques normatifs (Article 76.4 de la Constitution de la Fédération de Russie).

En cas de contradiction entre la loi fédérale et l'acte juridique normatif du sujet de la Fédération de Russie, adopté en conformité avec le paragraphe quatre du présent article, c'est l'acte juridique normatif du sujet de la Fédération de Russie qui prévaut (Article 76.6 de la Constitution de la Fédération de Russie).

II. Les fondements juridiques et la procédure de la résolution des conflits de compétence par la Cour Constitutionnelle de la Fédération de Russie

Le problème le plus compliqué, c'est la délimitation de compétence des organes du pouvoir d'Etat de la Fédération de Russie et de ses sujets dans les domaines de leur compétence conjointe (la délimitation des domaines de compétence de la Fédération de Russie et de compétence conjointe entre la Fédération de Russie et ses sujets effectuée dans la propre Constitution de la Fédération de Russie, est insuffisamment nette non plus).

La Constitution de la Fédération de Russie de 1993 a établi, parmi les attributions de la Cour Constitutionnelle de la Fédération de Russie, la résolution des conflits de compétence :

a)   entre les organes fédéraux du pouvoir d'Etat ;

b)   entre les organes du pouvoir d'Etat de la Fédération de Russie et les organes du pouvoir d'Etat des sujets de la Fédération de Russie ;

c)   entre les organes d'Etat supérieurs des sujets de la Fédération de Russie.

Ces dispositions sont concrétisées dans la Loi constitutionnelle fédérale "Sur la Cour Constitutionnelle de la Fédération de Russie", dans le chapitre XI "Examen des affaires sur les contentieux en matière de compétence" (Articles 92-95).

Les conflits de compétence relèvent non seulement de la juridiction de la Cour Constitutionnelle fédérale mais sont classés dans un type indépendant de la procédure constitutionnelle dans la Fédération de Russie pour lequel sont caractéristiques les règles de la régulation des questions procédurales telles que le cercle des sujets habilités à saisir la Cour du conflit de compétence, les conditions de la recevabilité du recours, les limites du contrôle en matière des conflits de compétence, le contenu de la décision finale sur l'affaire.

Le droit de saisir la Cour Constitutionnelle de la Fédération de Russie des recours relatifs au règlement du conflit de compétence appartient à tout organe du pouvoir d'Etat participant au conflit, indiqué dans l'article 125.3 de la Fédération de Russie, ainsi qu'au Président de la Fédération de Russie dans le cas prévu par l'article 85.1 de la Constitution de la Fédération de Russie.

Le Président de la Fédération de Russie possède le droit de déposer une requête sur la résolution du conflit de compétence devant la Cour Constitutionnelle de la Fédération de Russie non seulement comme participant au conflit, mais également comme arbitre des procédures de conciliation pré-judiciaire effectuées avec l'arbitrage du Président pour régler les litiges entre les organes du pouvoir d'Etat de la Fédération de Russie et les organes du pouvoir d'Etat des sujets de la Fédération de Russie ainsi qu'entre les organes du pouvoir d'Etat des sujets de la Fédération de Russie en cas de persistance du désaccord.

La requête de l'organe (ou des organes) du pouvoir d'Etat sur la résolution du conflit de compétence est recevable en cas de respect de plusieurs conditions, à savoir:

1) la compétence contestée est déterminée par la Constitution de la Fédération de Russie,

2) le litige ne concerne pas la question de la compétence des tribunaux sur l'affaire ou de leur ressort,

3) le litige n'a pas été ou ne peut pas être réglé d'une autre manière,

4) le requérant considère l'adoption de l'acte juridique ou la commission d'un acte de caractère juridique ou l'omission de l'adoption de l'acte ou de la commission d'un tel acte comme une violation de la délimitation de la compétence entre les organes du pouvoir d'Etat, établie par la Constitution de la Fédération de Russie,

5) le requérant a adressé antérieurement aux organes du pouvoir d'Etat mentionnés dans l'article 125.3 de la Constitution de la Fédération de Russie une demande écrite sur la violation par eux de la compétence du requérant, déterminée par la Constitution de la Fédération de Russie ou des accords ou bien sur la soustraction de ces organes de l'exécution de l'obligation relevant de leur compétence,

6) au cours d'un mois depuis la date de la réception de la demande écrite mentionnée dans l'alinéa 5 du présent paragraphe, les violations indiquées n'ont pas été éliminées,

7)   en cas de dépôt de la demande de l'organe respectif du pouvoir d'Etat au Président de la Fédération de Russie d'utiliser les procédures de conciliation prévues dans l'article 85 de la Constitution de la Fédération de Russie, le Président de la Fédération de Russie n'a pas utilisé au cours d'un mois depuis la date du dépôt de cette demande ces procédures de conciliation ou bien de telles procédures n'ont pas abouti au règlement du litige. La requête du Président de la Fédération de Russie déposée en vertu de l'article 85.1 de la Constitution de la Fédération de Russie est recevable si :

–   le Président de la Fédération de Russie a utilisé les procédures de conciliation pour le règlement des désaccords entre les organes du pouvoir d'Etat ;

–   les désaccords entre les organes du pouvoir d'Etat représentent un litige en matière de compétence relevant de la compétence de la Cour Constitutionnelle de la Fédération de Russie.

La Cour Constitutionnelle de la Fédération de Russie connaît les contentieux en matière de compétence uniquement au point de vue de la séparation des pouvoirs d'Etat, établie par la Constitution de la Fédération de Russie, en matière des pouvoirs législatif, exécutif et judiciaire et de la délimitation de compétence entre les organes fédéraux du pouvoir d'Etat ainsi qu'au point de vue de la délimitation des domaines de compétence et des attributions entre les organes du pouvoir d'Etat de la Fédération de Russie et les organes du pouvoir d'Etat des sujets de la Fédération de Russie, entre les organes d'Etat supérieurs des sujets de la Fédération de Russie établie par la Constitution de la Fédération de Russie, le Traité fédéral et autres accords sur la délimitation des domaines de compétence et des attributions.

L'examen de l'affaire sur la conformité d'un acte normatif, objet du litige en matière de compétence, à la Constitution par le contenu des normes, la forme, la procédure de sa signature, de son adoption, de sa publication ou sa mise en vigueur n'est possible que sur la base d'une demande individuelle et conformément à la procédure de l'examen des affaires sur la constitutionnalité des actes juridiques normatifs.

Comme résultat de l'examen du contentieux en matière de compétence, la Cour Constitutionnelle de la Fédération de Russie adopte l'une des décisions suivantes:

1)   confirmant le pouvoir de l'organe respectif du pouvoir d'Etat d'adopter un acte juridique ou de commettre une action de caractère juridique, qui ont servi de cause du conflit de compétence ;

2)   niant le pouvoir de l'organe respectif du pouvoir d'Etat d'adopter un acte juridique ou de commettre une action de caractère juridique, qui ont servi de cause du conflit de compétence.

Dans le cas où la Cour Constitutionnelle de la Fédération de Russie reconnaît l'adoption de l'acte juridique comme ne relevant pas de la compétence de l'organe du pouvoir d'Etat qui l'a adopté, l'acte juridique perd sa force dès la date indiquée dans la décision.

La particularité importante de la justice constitutionnelle en Russie, conditionnée par sa structure fédérale, est que les contentieux en matière de la compétence sont du ressort non seulement de la Cour Constitutionnelle de la Fédération de Russie, mais aussi des tribunaux constitutionnels (statutaires) des sujets de la Fédération de Russie. Les Cours constitutionnelles (statutaires) des sujets de la Fédération de Russie statuent sur les conflits de compétence entre les organes d'Etat des sujets de la Fédération de Russie, entre ces derniers et les organes d'autonomie locale sur la base de la Constitution (du statut) du sujet au vu de la Constitution de la Fédération de Russie et des positions juridiques de la Cour Constitutionnelle de la Fédération de Russie.

III.   La jurisprudence de la Cour Constitutionnelle de la Fédération de Russie dans le domaine de règlement des contentieux en matière de la compétence

L'administration de la justice sous forme de l'examen du contentieux en matière de la compétence dans la jurisprudence de la Cour Constitutionnelle de la Fédération de Russie depuis 1995 a été exercée seulement dans deux cas :

–   dans l'affaire relative au règlement du litige entre le Conseil de la Fédération et le Président de la Fédération de Russie, entre la Douma d'Etat et le Président de la Fédération de Russie sur l'obligation du Président de la Fédération de Russie de signer la Loi fédérale adoptée "Sur les valeurs culturelles déplacées en Union Soviétique à la suite de la Seconde guerre mondiale et se trouvant sur le territoire de la Fédération de Russie" (l'arrêt du 6 avril 1998 [1]),

–   dans l'affaire sur le règlement du conflit de compétence entre le Conseil de la Fédération et le Président de la Fédération de Russie quant à la possibilité et la procédure de la révocation du Procureur général de la Fédération de Russie (l'arrêt du 11 novembre 1999 [2]).

---

1. A voir: Sobranié zakonodatelstva Rossiyskoï Federatsii (SZRF), 1998, N° 16. article1879.

2. A voir: SZRF,1999, № 47, article 5787.

Cependant, dans les deux cas les contentieux en matière de la compétence ont été réglés "en horizontale".

Lors de la solution des affaires suivant les règles des autres types de la procédure judiciaire constitutionnelle : lors du contrôle abstrait des traités internationaux non ratifiés et d'autres traités intérieurs d'Etat, des lois fédérales et des lois des sujets de la Fédération de Russie et lors du contrôle concret des lois sur les plaintes des citoyens et sur les demandes des tribunaux – la Cour de la Fédération de Russie statue sur les affaires y compris au point de vue de la délimitation des domaines de compétence et des attributions entre les organes du pouvoir d'Etat de la Fédération de Russie et les organes du pouvoir des sujets de la Fédération de Russie, établie par la Constitution de la Fédération de Russie, le Traité international et autres accords sur la délimitation des domaines de compétence et des attributions (Articles 86.1.6, 90, 99 et 100 de la Loi constitutionnelle fédérale "Sur la Cour Constitutionnelle de la Fédération de Russie"), autrement dit, elle examine les conflits "latents" de compétence.

La pratique de l'activité de la Cour Constitutionnelle de la Fédération de Russie en matière de litiges "latents" sur la délimitation des domaines de compétence et des attributions est très large. En pratiquant cette activité, la Cour Constitutionnelle de la Fédération de Russie cherche à harmoniser les rapports fédéraux en Russie. Dans la Cour Constitutionnelle, sont protégés d'une part les droits de la Fédération de Russie, et d'autre part les droits et les intérêts légitimes de ses sujets.

V. Poutine, le Président de la Fédération de Russie, considère la mise en ordre des rapports entre les organes fédéraux et régionaux du pouvoir dans une nette délimitation des attributions comme une condition obligatoire du succès des transformations contemporaines : il faut renoncer non seulement à l'empiétement dans la compétence fédérale mais aussi aux tentatives non justifiées des structures fédérales de s'ingérer dans la sphère de compétence exclusive des régions[3]. La création d'un mécanisme efficace de coopération entre les différents niveaux du pouvoir est un des principaux objectifs du développement de la structure de l'Etat.

Avec la formation du système de la législation fédérale en matière des domaines de compétence de la Fédération de Russie et de compétence conjointe de la Fédération de Russie et de ses sujets il est devenu extrêmement nécessaire de mettre en conformité avec la Constitution de la Fédération de Russie et les lois fédérales les lois des sujets de la Fédération de Russie et les accords entre la Fédération de Russie et ses sujets conclus à titre individuel. Les décisions de

---

3. Le Message du Président de la Fédération de Russie à l'Assemblée fédérale de la Fédération de Russie (la situation dans le pays et les principales orientations de la politique intérieure et extérieure de l'Etat). Moscou, 2001, pp.6 et 12.

la Cour Constitutionnelle de la Fédération de Russie et les positions juridiques qu'elles contiennent jouent un rôle important dans la réalisation de cette tâche.

Les processus réels dans le développement des rapports fédéraux en Russie après la dissolution de l'URSS en 1991, les dispositions du Traité fédéral du 31 mars 1992 ont notamment créé certains fondements pour le développement de la Fédération de Russie en tant qu'une communauté constitutionnelle et contractuelle. La Cour Constitutionnelle de la Fédération de Russie défend, dans l'esprit de conséquence, les principes de la Fédération de Russie en tant qu'une fédération constitutionnelle en entière conformité avec les dispositions de la Constitution de la Fédération de Russie, poursuit la stratégie du respect des droits et de l'équilibre des intérêts du pouvoir fédéral et du pouvoir des sujets de la Fédération de Russie dans les limites définies par la Constitution de la Fédération de Russie. La Cour Constitutionnelle de la Fédération de Russie ne reconnaît pas le caractère contractuel du statut des républiques, le caractère contractuel de leur entrée dans la Fédération de Russie fondé sur l'égalité des parties, la souveraineté des républiques, comme des autres sujets de la Fédération de Russie. Le statut des républiques provient non pas d'une expression souveraine de la volonté des républiques, exprimée dans leurs constitutions ou un accord, mais de la Constitution de la Fédération de Russie en tant qu'un acte supérieur normatif juridique du pouvoir souverain de tout le peuple multinational de la Russie. La souveraineté de la Fédération de Russie, son statut constitutionnel juridique et les attributions ainsi que le statut constitutionnel juridique et les attributions des républiques sont conditionnés non pas par l'expression de la volonté dans un traité, mais par l'expression de la volonté du peuple multinational de Russie, détenteur et l'unique source du pouvoir dans la Fédération de Russie, qui en réalisant le principe de l'égalité en droits et de l'autodétermination des peuples a constitué l'Etat souverain de la Russie en tant que l'unité étatique historiquement formée dans son actuelle structure fédérale consacrée par la Constitution de la Fédération de Russie. Les dispositions du Traité fédéral et des accords basés sur elles qui ont prévu la souveraineté des républiques et permis ainsi de justifier les restrictions de la souveraineté de la Fédération de Russie ne peuvent pas être en vigueur et ne doivent pas s'appliquer comme étant contraires à la Constitution de la Fédération de Russie conformément aux "Dispositions finales et transitoires" de la Constitution de la Fédération de Russie.

Dans la décision de la Cour Constitutionnelle de la Fédération de Russie, datée du 7 juin 2000 [4], sur l'affaire relative à la vérification de la constitutionnalité de certaines dispositions de la Constitution de la République de l'Altaï et de la Loi fédérale "Sur les principes généraux de l'organisation des organes législatifs (représentatifs) et exécutifs du pouvoir d'Etat des sujets de la Fédération de

4. A voir : SZRF.2000. № 25. article 2728.

Russie" la Cour Constitutionnelle de la Fédération de Russie a noté que la souveraineté de la Fédération de Russie en vertu de la Constitution de la Fédération de Russie exclut l'existence de deux niveaux d'autorités souveraines se trouvant dans l'unique système du pouvoir d'Etat qui posséderaient la primauté et l'indépendance, c'est-à-dire n'admet pas la souveraineté ni des républiques, ni d'autres sujets de la Fédération de Russie même à condition que leur souveraineté soit reconnue comme limitée.

Par conséquent, l'emploi dans l'article 5.2 de la Constitution de la Fédération de Russie de la notion "république (Etat)" à la différence du Traité fédéral du 31 mars 1992 reflète seulement certaines particularités de leur statut constitutionnel juridique liées aux facteurs de caractère historique, national et autre.

La reconnaissance par la Constitution de la Fédération de Russie de la souveraineté seulement pour la Fédération de Russie est aussi consacrée dans les principes constitutionnels de l'intégrité comme Etat et de l'unité du système du pouvoir d'Etat (article 5.3), de la primauté de la Constitution de la Fédération de Russie et des lois fédérales ayant effet direct et s'appliquent sur l'ensemble du territoire de la Fédération de Russie qui comprend les territoires de ses sujets (Articles 4.2, 15.1 et 67.1).

En fonction de ces principes constitutionnels, tous les actes juridiques adoptés dans la Fédération de Russie, y compris les Constitutions des républiques ne doivent pas être contraires à la Constitution de la Fédération de Russie. Mais les lois et d'autres actes juridiques qui ont été en vigueur sur le territoire de la Fédération de Russie avant l'entrée en vigueur de la Constitution de la Fédération de Russie doivent s'appliquer seulement en partie qui ne lui est pas contraire, ce qui est directement prévu par le point 2 du paragraphe 2 des "Dispositions finales et transitoires". Le point 1 du même paragraphe consacre aussi la priorité des dispositions de la Constitution de la Fédération de Russie sur les dispositions du Traité fédéral – le Traité sur la délimitation des domaines de compétence et des attributions entre les organes fédéraux du pouvoir d'Etat de la Fédération de Russie et les organes du pouvoir d'Etat des républiques souveraines dans le cadre de la Fédération de Russie, du Traité sur la délimitation des domaines de compétence et des attributions entre les organes fédéraux du pouvoir d'Etat de la Fédération de Russie et les organes du pouvoir d'Etat des territoires, régions, des villes de Moscou et de Saint-Pétersbourg de la Fédération de Russie, du Traité sur la délimitation des domaines de compétence et des attributions entre les organes du pouvoir d'Etat de la Fédération de Russie et les organes du pouvoir d'Etat de la région autonome, des districts autonomes dans le cadre de la Fédération de Russie.

La priorité des dispositions de la Constitution de la Fédération de Russie existe lors de la détermination du statut des sujets de la Fédération de Russie ainsi que des domaines de compétence et des attributions des organes du pouvoir d'Etat de la Fédération de Russie et des organes du pouvoir d'Etat de ses sujets. Par conséquent, la disposition de l'article 11.3 de la Constitution de la Fédération de Russie selon laquelle la délimitation des domaines de compétence et des attributions entre les organes du pouvoir d'Etat de la Fédération de Russie et les organes du pouvoir d'Etat des sujets de la Fédération de Russie est effectuée par la Constitution de la Fédération de Russie, le Traité fédéral et autres accords relatifs à la délimitation des domaines de compétence et des attributions suppose que tous les traités susmentionnés doivent être conformes à la Constitution de la Fédération de Russie et pour cette raison toute limitation ou division de la souveraineté de la Fédération de Russie qu'ils ont permis est exclue.

Dans l'arrêt de la Cour Constitutionnelle de la Fédération de Russie du 27 juin 2000 [5] adopté à la demande d'un groupe de députés à la Douma d'Etat sur la vérification de la conformité à la Constitution de la Fédération de Russie de certaines dispositions des Constitutions de la République des Adygei, de la République du Bachkortostan, de la République Inguche, de la République des Komi, de la République d'Ossétie du Nord-Alania et de la République du Tatarstan, il a été noté que la république ne peut pas être le sujet du droit international en tant qu'Etat souverain et participant aux rapports internationaux respectifs, ne peut pas conclure des traités de droit international (cette disposition a été formulée bien avant, dans la décision de la Cour Constitutionnelle de la Fédération de Russie du 13 mars 1992). En même temps, la république, comme cela découle des articles 72.1.n) et 76.2 de la Constitution de la Fédération de Russie, peut entretenir des rapports internationaux et économiques extérieurs à condition qu'ils ne touchent pas les compétences et les attributions prévues par son article 71 (j, k, l, m) de la Fédération de Russie en tant qu'Etat souverain et que la coordination de tels rapports soit définie par une loi fédérale et par les lois et autres actes juridiques normatifs adoptés sur sa base, des sujets de la Fédération de Russie.

La reconnaissance du principe de la souveraineté de la république comme elle n'est pas conforme à la Constitution de la Fédération de Russie, prédétermine la conclusion sur l'inconstitutionnalité des dispositions sur la primauté, la force juridique supérieure de la Constitution de la république et de ses lois sur le droit de la république de suspendre l'effet des actes juridiques de la Fédération de Russie sur le territoire de la république, sur le caractère contractuel de l'entrée (et par conséquent de la présence) de la république dans le cadre de la Fédération de Russie), sur le statut de la république en tant que sujet du droit international.

---

5. A voir : SZRF.2000. № 29. article 3117.

La Cour Constitutionnelle de la Fédération de Russie a formulé plusieurs positions juridiques dont le respect est indispensable lors de la création des lois de la Fédération de Russie et de ses sujets sur les questions classés par l'article 72 de la Constitution de la Fédération de Russie dans la compétence conjointe de la Fédération de Russie et de ses sujets :

A. La création des lois dans la Fédération de Russie et ses sujets en matière de la compétence conjointe ne peut pas être comprise seulement comme la création des lois fédérales devançant dans le temps. La Cour Constitutionnelle de la Fédération de Russie a reconnu à maintes reprises le droit d'une réglementation législative, devancée par le sujet de la Fédération de Russie, des rapports sociaux dans le domaine de la compétence conjointe avant l'adoption des lois fédérales respectives. Or, après l'adoption de la loi fédérale, l'acte juridique normatif du sujet de la Fédération de Russie doit être mis en conformité avec elle ce qui découle de l'article 76.5 de la Constitution de la Fédération de Russie.

B. La création des lois par le sujet de la Fédération de Russie en matière de la compétence conjointe de la Fédération et de ses sujets ne doit pas limiter les droits et libertés de l'homme et du citoyen [6].

C. Le sujet de la Fédération de Russie n'est pas en droit, en matière de la compétence conjointe, de réglementer les principales dispositions, les principales institutions du domaine des législations, qui ont été classées par la Constitution de la Fédération de Russie dans la sphère de la compétence conjointe, car cela signifierait un empiétement dans la sphère des attributions (compétences) du législateur fédéral [7].

Se basant sur l'interprétation de la Constitution de la Fédération de Russie et la vérification de la constitutionnalité de plusieurs lois et autres actes juridiques normatifs la Cour Constitutionnelle de la Fédération de Russie a formulé les positions juridiques en matière de la délimitation des attributions des organes du pouvoir d'Etat de la Fédération de Russie et de ses sujets "en verticale" en

---

6. A voir: les décisions de la Cour Constitutionnelle de la Fédération de Russie du 4 avril 1996 sur l'affaire relative à la vérification de la constitutionnalité de plusieurs actes normatifs de la ville de Moscou et de la région de Moscou, du territoire de Stavropol, de la région de Voronej, de la ville de Voronej, réglementant la procédure d'enregistrement des citoyens arrivant pour une résidence permanente dans les régions mentionnées, et du 24 juin 1997 sur l'affaire relative à la vérification de la constitutionnalité des dispositions des articles 74.1 et 90 de la constitution de la République khakasse // SZRF,1996. № 16. article 1909 ; 1997. № 26. article 3145.

7. A voir: la décision de la Cour Constitutionnelle de la Fédération de Russie du 30 novembre 1995 sur l'affaire relative à la vérification de la constitutionnalité des articles 23 et 24 du Règlement provisoire de garantie de l'activité des députés à la Douma de la région de Kaliningrad approuvé par la décision de la Douma de la région de Kaliningrad du 8 juin 1994. SZRF,1995, №5. article 4969.

ce qui concerne le contenu de plusieurs questions ayant une importance de principe pour les rapports de la Fédération de Russie et de ses sujets.

La Cour Constitutionnelle de la Fédération de Russie a conclu que le sujet de la Fédération n'est pas en droit de proclamer comme son domaine (sa propriété) les ressources naturelles sur son territoire et procéder à une réglementation des rapports de propriété sur les ressources naturelles limitant leur exploitation dans l'intérêt de tous les peuples de la Fédération de Russie car ainsi serait violée la souveraineté de la Fédération de Russie. Le droit de propriété sur les ressources naturelles comme sa délimitation doivent être établis conformément aux articles 9, 11.3, 36, 72.1 (c, d, e, j) et 76.2 et 76.5 de la Constitution de la Fédération de Russie ayant la primauté, la force juridique supérieure, l'effet direct et appliqués sur l'ensemble du territoire de la Fédération de Russie, et non pas sur la base du Traité fédéral dans lequel cette question est résolue autrement.

Pour les sujets de la Fédération, on n'exclut pas la possibilité d'établir leurs propres impôts et taxes mais seulement dans les limites définies par la Constitution de la Fédération de Russie et une loi fédérale ; conformément à la loi fédérale les organes du pouvoir d'Etat participent aux rapports financiers, de devises et de crédit ayant une importance fédérale [8].

L'égalité en droit des sujets de la Fédération, comme a noté la Cour Constitutionnelle de la Fédération de Russie, nécessite l'établissement par le législateur fédéral des règles de rapports des organes fédéraux du pouvoir d'Etat avec tous les sujets de la Fédération. Une diminution arbitraire de leurs possibilités juridiques est inadmissible.

La Cour Constitutionnelle de la Fédération de Russie a défini le rapport des attributions de la Fédération de Russie et de ses sujets dans le domaine de l'établissement du système des organes du pouvoir d'Etat des sujets de la Fédération de Russie ; elle a conclu notamment que le principe constitutionnel de l'unité du pouvoir d'Etat nécessite que les sujets de la Fédération de Russie se fondent essentiellement sur le schéma fédéral des rapports entre les pouvoirs exécutif et législatif [9].

---

8. A voir: la décision de la Cour Constitutionnelle de la Fédération de Russie du 21 mars 1997 sur l'affaire relative à la vérification de la constitutionnalité des dispositions des articles 18.2.2 et 20 de la loi de la Fédération de Russie du 27 décembre 1991 "Les fondements du système fiscal dans la Fédération de Russie // SZRF.1997. № 13. article1602.

9. A voir : les décisions de la Cour Constitutionnelle de la Fédération de Russie du premier février 1996 sur l'affaire relative à la vérification de la constitutionnalité des articles du Statut de la région de Tchita et du 24 janvier 1997 sur la vérification de la constitutionnalité de la loi de la république d'Oudmourtie du 17 avril 1996 "Sur les système des organes du pouvoir d'Etat dans la république d'Oudmourtie" // SZRF.1996. № 7. article 700.

La résolution par la Cour Constitutionnelle de la Fédération de Russie de plusieurs affaires sur la délimitation des domaines de compétence et des attributions a été compliquée par le fait que non pas deux mais trois ou plus de parties ont participé au contentieux "latent" en matière de compétence.

Dans la décision de la Cour Constitutionnelle de la Fédération de Russie du 28 novembre 1995 sur l'affaire relative à l'interprétation de l'article 137.2 de la Constitution de la Fédération de Russie [10] la Cour Constitutionnelle de la Fédération de Russie a donné des explications sur la répartition des attributions entre le Président de la Fédération de Russie, l'Assemblée fédérale, l'Assemblée constitutionnelle de la Fédération de Russie, les organes du pouvoir d'Etat des sujets de la Fédération de Russie sur les questions de leur participation à la réalisation de la réforme constitutionnelle: dans la procédure d'introduction des modifications et des compléments dans la Constitution de la Fédération de Russie relatifs à la dénomination du sujet de la Fédération de Russie.

Parmi de telles affaires basées sur un contentieux "latent" en matière des attributions, on peut citer l'affaire examinée par la Cour Constitutionnelle de la Fédération de Russie sur l'interprétation de la disposition de l'article 66.4 de la Constitution de la Fédération de Russie relative à l'entrée du district autonome dans le territoire, la région, qui a été déclenchée sur la base des recours de trois sujets de la Fédération de Russie : de la région de Tioumen et des districts autonomes de Khanty-Mansi et Iamalo-Nenets qui en font partie [11]. L'augmentation de l'efficacité de l'effet et de l'exécution des décisions de la Cour Constitutionnelle de la Fédération de Russie.

L'urgente nécessité du renforcement de la constitutionnalité dans la Fédération de Russie a attiré l'attention des vastes milieux de l'opinion publique, des organes compétents et de la science juridique vers le problème de l'élévation de l'efficacité de l'effet et de l'exécution des décisions des juridictions constitutionnelles.

IV. Le caractère obligatoire des décisions de la Cour Constitutionnelle de la Fédération de Russie

Conformément à l'article 79.1 de la Loi constitutionnelle fédérale "Sur la Cour Constitutionnelle de la Fédération de Russie", la décision de la Cour

---

10. A voir: SZRF, 1995. № 49. article 4868.

11. A voir: La décision de la Cour Constitutionnelle de la Fédération de Russie du 15 juin 1997 sur l'affaire relative à l'interprétation de la disposition de l'article 68.4 de la Constitution de la Fédération de Russie sur l'entrée du district autonome dans le territoire de la région // SZRF. 1997. № 29. article 3581.

Constitutionnelle de la Fédération de Russie est définitive et sans appel, elle entre en vigueur dès son prononcé. L'article 6 "Caractère obligatoire des décisions de la Cour Constitutionnelle de la Fédération de Russie" stipule que les décisions de la Cour Constitutionnelle de la Fédération de Russie sont obligatoires sur l'ensemble du territoire de la Fédération de Russie et pour tous les organes représentatifs, exécutifs et judiciaires du pouvoir d'Etat, les organes d'autonomie locale, les entreprises, les institutions publiques, les organisations, les fonctionnaires publics, les citoyens et leurs associations. La règle sur le caractère obligatoire des décisions de la Cour Constitutionnelle de la Fédération de Russie garde sa force sur l'ensemble du territoire de la Fédération de Russie, soit dans tous les sujets de la Fédération de Russie.

Le caractère obligatoire des décisions de la Cour Constitutionnelle de la Fédération de Russie signifie leur caractère péremptoire conditionné par leur force juridique. Les décisions de la Cour Constitutionnelle de la Fédération de Russie sont assimilées par leur force juridique à la force juridique de la Constitution de la Fédération de Russie. La décision de la Cour Constitutionnelle ne peut pas être annulée par la décision de tout autre organe d'Etat aussi élevée que soit la place qu'il occupe dans la structure de l'Etat. Conformément à l'article 79.2 de la Loi constitutionnelle fédérale "Sur la Cour Constitutionnelle de la fédération de Russie", la décision de la Cour Constitutionnelle n'a pas à être confirmée par d'autres organes et fonctionnaires publics, et l'effet juridique d'un arrêt de la Cour Constitutionnelle de la Fédération de Russie déclarant un acte inconstitutionnel ne peut pas être annulé par une adoption réitérative du même acte.

V. La différence entre l'effet et l'exécution des décisions de la Cour Constitutionnelle de la Fédération de Russie

Grâce à une précision des dispositions de la Constitution de la Fédération de Russie et de la Loi constitutionnelle fédérale "Sur la Cour Constitutionnelle de la Fédération de Russie" il faut distinguer l'effet et l'exécution des décisions de la Cour Constitutionnelle de la Fédération de Russie.

L'article 79.2 de la Loi constitutionnelle fédérale "Sur la Cour Constitutionnelle de la Fédération de Russie" stipule que la décision de la Cour Constitutionnelle de la Fédération de Russie exerce directement son effet, ce qui signifie que les actes ou quelques leurs dispositions reconnus inconstitutionnels cessent d'être en vigueur ; les traités internationaux de la Fédération de Russie reconnus non conformes à la Constitution de la Fédération de Russie ne peuvent entrer en vigueur ni être appliqués ; les décisions de tribunaux et d'autres organes fondées sur des actes déclarés inconstitutionnels ne peuvent être exécutées et doivent être révisées dans les cas prévus par la loi fédérale (article 126 de la Constitution de la Fédération de Russie, article 79.3 de la Loi constitutionnelle fédérale "Sur la Cour Constitutionnelle de la

Fédération de Russie"). C'est pourquoi sont très contestables les nouvelles dispositions introduites dans le contenu des articles 70 et 80 de la Loi constitutionnelle fédérale "Sur la Cour Constitutionnelle de la Fédération de Russie" sur la base de la Loi constitutionnelle fédérale du 15 décembre 2000 [12], chargeant les organes d'Etat respectifs d'abroger les actes normatifs reconnus inconstitutionnels. A cette occasion, la proclamation réitérative comme ayant perdu sa force de l'acte normatif reconnu inconstitutionnel par la décision de la Cour Constitutionnelle de la Fédération de Russie est non seulement superflue ("le bruit informatif"), mais met en doute la force juridique des décisions de la Cour Constitutionnelle de la Fédération de Russie, à savoir : elle transfère les actes inconstitutionnels ou certaines de leurs dispositions de la catégorie "d'actes ayant perdu leur force" dans la catégorie "d'actes sans effet" durant une période indéterminée.

L'exécution des décisions de la Cour Constitutionnelle de la Fédération de Russie (à la différence de leur effet direct) nécessite des mesures actives des sujets obligés des rapports publics. Cela est lié avant tout à la nécessité d'éliminer les lacunes apparues dans la réglementation juridique.

Dans certains cas, avant l'adoption d'un nouvel acte normatif on applique directement la Constitution de la Fédération de Russie. Avec la nouvelle réglementation juridique, le législateur doit obligatoirement tenir compte des positions juridiques de la Cour Constitutionnelle de la Fédération de Russie. L'exécution des décisions de la Cour Constitutionnelle de la Fédération de Russie est souvent liée aussi à la réalisation par les organes du pouvoir d'Etat des mesures de caractère financier, matériel et technique, à la révision des affaires individuelles examinées sur la base des actes juridiques reconnus inconstitutionnels, au changement de la pratique d'application de la Constitution et des lois dans les tribunaux de droit public, etc.

Dans l'arrêt de la Cour Constitutionnelle de la Fédération de Russie du 19 avril 2001 [13] il a été indiqué que le principe de l'effet direct des décisions de la Cour Constitutionnelle et la disposition de l'article 87.2 de la Loi constitutionnelle fédérale "Sur la Cour Constitutionnelle de la Fédération de Russie" obligent les organes du pouvoir d'Etat des sujets de la Fédération de Russie à découvrir dans leur législation les dispositions identiques à celles qui ont été reconnues inconstitutionnelles et à les abroger suivant une procédure respective.

La pratique montre que le législateur fédéral et les organes législatifs des sujets de la Fédération de Russie réagissent à la décision de la Cour Constitutionnelle de la Fédération de Russie sans diligence, agissant avec des lenteurs même dans les cas où la Cour Constitutionnelle de la Fédération de Russie fixe un délai

---

12. A voir : SZRF. 2001. № 51. article 4824.

13. A voir: SZRF. 2001. № 20. article 2059.

déterminé au cours duquel il importe d'introduire des modifications et des compléments respectifs dans la législation en vigueur.

Certes, on peut trouver une explication à ces faits. La réalisation d'une nouvelle réglementation juridique est non seulement un problème juridique mais avant tout un problème politique, social et économique, d'organisation etc., ce qui est lié au choix d'une variante optimale de la réglementation juridique dans de nouvelles conditions, sur la base d'un consentement des forces politiques dans les organes représentatifs du pouvoir d'Etat.

La pratique négative de l'exécution non-diligente et incorrecte des décisions de la Cour Constitutionnelle de la Fédération de Russie est due aux récidives du nihilisme juridique, à la conviction dans la priorité de l'opportunité sur la constitutionnalité et la légalité, héritage du totalitarisme.

De tels faits ont déterminé la nécessité d'introduire des compléments dans la Loi constitutionnelle fédérale "Sur la Cour Constitutionnelle de la Fédération de Russie" sur la base de la Loi constitutionnelle fédérale du 15 décembre 2001 sur l'établissement des garanties de réalisation des décisions de la Cour Constitutionnelle de la Fédération de Russie adressées au législateur, y compris celles qui concernent les droits sociaux, économiques et culturels des citoyens. Cependant, dans ce cas également, il faut une volonté politique des organes supérieurs du pouvoir d'Etat pour mettre en oeuvre un mécanisme de réalisation des décisions de la Cour Constitutionnelle de la Fédération de Russie fixées dans la loi.

Afin de vaincre une compréhension incorrecte des positions juridiques de la Cour Constitutionnelle de la Fédération de Russie il est nécessaire d'élaborer un système de mesures permettant de tenir compte et d'expliquer les positions juridiques de la Cour Constitutionnelle de la Fédération de Russie, d'accorder une assistance par les conseils et la coordination de l'activité d'élaboration et d'application des lois au niveau de la Fédération et dans les sujets de la Fédération de Russie.

L'efficacité de l'exécution des décisions de la Cour Constitutionnelle de la Fédération de Russie et de ses positions juridiques qui y sont contenues dépend également de la Cour Constitutionnelle elle-même, à savoir:

– de la plénitude de la définition par la Cour Constitutionnelle des modalités d'entrée en vigueur de la décision et des modalités, délais et particularités de son exécution (article 75.12 de la Loi constitutionnelle fédérale "Sur la Cour Constitutionnelle de la Fédération de Russie). Malheureusement, la Cour Constitutionnelle n'utilise pas toujours une telle possibilité même dans les cas où on en a manifestement besoin ;

— de l'explication officielle des décisions de la Cour Constitutionnelle de la Fédération de Russie (article 83 de la loi constitutionnelle fédérale "Sur la Cour Constitutionnelle de la Fédération de Russie") ;

— de l'exercice par la Cour Constitutionnelle de la Fédération de Russie du contrôle de l'exécution de ses décisions.

La question de la responsabilité juridique de l'exécution des décisions et des positions juridiques, qui y sont contenues, de la Cour Constitutionnelle de la Fédération de Russie est importante et actuelle dans le contexte de l'augmentation de l'efficacité de l'exécution des décisions de la Cour Constitutionnelle de la Fédération de Russie. La Loi constitutionnelle fédérale "Sur la Cour Constitutionnelle de la Fédération de Russie" contient l'article 81 "Conséquences de la non-exécution de la décision" qui stipule : "La non-exécution, l'exécution incorrecte ou les entraves à l'exécution de la décision de la Cour Constitutionnelle de la Fédération de Russie donnent lieu aux poursuites prévues par la loi fédérale". Cela pourrait être la responsabilité constitutionnelle juridique, administrative et pénale.

Dans la législation fédérale sont absentes les procédures suffisamment efficaces du déclenchement des poursuites pour la non-exécution ou les entraves à l'exécution de la décision de la Cour Constitutionnelle de la Fédération de Russie. On utilise peu le potentiel des institutions juridiques, notamment du Ministère de la justice de la Fédération de Russie, des tribunaux de droit public, des organes de la Prokuratura.

Sur la base de la Loi constitutionnelle fédérale du 15 décembre 2001 "Sur l'introduction des modifications et compléments dans la Loi constitutionnelle fédérale "Sur la Cour Constitutionnelle de la Fédération de Russie" les dispositions sur la responsabilité des organes législatifs (représentatifs) et exécutifs du pouvoir d'Etat des sujets de la Fédération de Russie ont été portés dans l'article 80. Ces mesures de responsabilité constitutionnelle juridique concernant les organes législatifs (représentatifs) du pouvoir d'Etat des sujets de la Fédération de Russie et des fonctionnaires publics supérieurs (des dirigeants de l'organe exécutif supérieur du pouvoir d'Etat du sujet de la Fédération de Russie) sont partiellement prévues par la Loi fédérale du 6 octobre 1999 "Les principes généraux de l'organisation des organes législatifs (représentatifs) et exécutifs du pouvoir d'Etat des sujets de la Fédération de Russie" qui ont été précisées dans leur interprétation constitutionnelle juridique par la Cour Constitutionnelle de la Fédération de Russie dans la décision du 4 avril 2002. Cependant, les modalités du déclenchement de la responsabilité des organes d'Etat et des fonctionnaires publics susmentionnés ont été tellement compliquées qu'elles sont pratiquement irréalisables et pour cette raison le préjudice causé ne saurait pas correspondre aux principes de l'Etat de droit.

Dans l'arrêt de la Cour Constitutionnelle de la Fédération de Russie du 19 avril 2001 il a été constaté que la non-exécution par les organes du pouvoir d'Etat et les fonctionnaires publics des sujets de la Fédération de Russie des décisions de la Cour Constitutionnelle de la Fédération de Russie donne lieu à l'application des mesures de responsabilité pénale pour la non-exécution d'un acte judiciaire (article 315 du Code pénal de la Fédération de Russie).[14]

14. La Conférence nationale de Russie convoquée le 22 mars 2001 à l'initiative de l'Administration du Président de la Fédération de Russie a joué un rôle notable pour attirer l'attention du législateur, du pouvoir exécutif et judiciaire sur le problème de l'exécution des décisions de la Cour Constitutionnelle de la Fédération de Russie et des tribunaux constitutionnels (statutaires) des sujets de la Fédération de Russie. Elle a élaboré une série de recommandations visant à relever l'efficacité de l'effet et de l'exécution des décisions des organes de la justice constitutionnelle de la Fédération de Russie (à voir : Les problèmes de l'exécution par les organes fédéraux du pouvoir d'Etat et les organes du pouvoir d'Etat des sujets de la Fédération de Russie des décisions de la Cour Constitutionnelle de la Fédération de Russie et des tribunaux constitutionnels (statutaires) des sujets de la Fédération de Russie. Matériaux de la Conférence nationale de Russie (Moscou, le 22 mars 2001) Moscou, 2001).

UNITED STATES OF AMERICA
RENVOI: FROM STATE SOVEREIGNTY TO DUAL SOVEREIGNTY TO NATIONAL SOVEREIGNTY TO DUAL SOVEREIGNTY

Mr John B. ATTANASIO
Dean at the Dedman School of Law, Southern Methodist University[1]

I.   Introduction

It is difficult for any central government to project power over a large land mass like the United States with many different climates, time zones, and topographies. Projecting the power of a central government in a large country can be made more difficult by a weak communication and transportation infrastructure like the one that the United States had 200 years ago. Such difficulties may help to account for the development of American federalism. As with many federal systems, however, the American version emerged in an evolutionary way so that some of its iterations would have been quite unrecognisable to the framers of the American Constitution. This path may have occurred because federal systems are partly forged by technological, demographic, and other phenomena.

The history of American federalism is not characterised by a strong central government determining what power it should devolve on subunits such as states or localities. Rather, the locus of power in post-revolutionary America lay in the state governments. Of critical importance, the state governments preceded the national government, and nine out of thirteen states had to ratify the Constitution for it to take effect.[2]

Another distinguishing feature of American federalism is that, with the important exception of Native Americans, ethnic groups generally are not connected to the land.[3] Ethnic groups that are connected to the land tend to share certain common experiences that hold them together and separate them from outsiders. They often possess fundamental commonalities – in language, value system, culture, or history – which are not shared by people from the rest of the country, or by the central government. These commonalities can make

---

1. Dean and William Hawley Atwell Professor of Law, Dedman School of Law at Southern Methodist University; LL.M., Yale Law School; Dipl. in Law, University of Oxford; J.D., New York University School of Law; B.A., University of Virginia. I would like to thank Kathleen Spartana and my research assistant, Jason Cross, for their assistance with this essay.

2. U.S. Constitution Article VII.

3. If anything, Americans tend to move around during their lifetimes.

difficult both the projection of power by the central government, and relations between geographically-based ethnic minorities with the rest of the population.[4]

In this brief essay, I will attempt to track the *de jure* transformation of the American federal system from state sovereignty, to dual sovereignty largely dominated by state governments, to national sovereignty, back toward a less radical system of dual sovereignty jurisdictionally dominated by the national government. These *de jure* shifts in constitutional jurisdiction should not mask an extremely different division of de facto governing power exercised by states, and to a lesser extent, local governments.

II.   Federalism and the Constitution

The American government is actually not one government, but a number of governments operating on the same land mass. Each of the 50 states has its own government as defined by that state's constitution. The national Constitution says virtually nothing about the internal structure of a state's government beyond simply guaranteeing to each state a republican form of government.[5] Not much is known about this so-called "Guarantee Clause" because the Supreme Court has held that its meaning is a political question to be determined by the elected branches of government.[6] The national Constitution does not discuss local governance either. Through its own constitution or through other legal means, each state decides how it will be subdivided into local units and what powers those local units will possess.

The United States Constitution specifies the division of powers of the different branches of the national government, and the jurisprudence of the Supreme Court of the United States provides further details, sketching out the contours of this division of powers at the national level.[7] The national Constitution does not require state and local governments to have separation of powers systems; but all states of which I am aware do. Most states have a chief executive, called a governor, and a two-house parliament – although some have one-house parliaments. They also have a three or sometimes two-tiered system of courts of general jurisdiction with some specialised courts for areas such as family, juvenile, or inheritance matters. States have independent bureaucracies – which often interact extensively with correlative bureaucracies of the federal

---

4. John Pinder, *Federalism Versus Nationalism: The European Community and the New Europe*, 1 NEW EUROPE L. REV. 237, 247-49 (1993).

5. U.S. Constitution Article IV, § 4.

6. *See* Baker v. Carr, 369 U.S. 186 (1962); Pacific States Tel. & Tel. Co. v. Oregon, 223 U.S. 118 (1912); Luther v. Borden, 48 U.S. (7 How.) 1 (1849).

7. *See* U.S. Constitution Articles. I-III; *see also* Bowsher v. Synar, 478 U.S. 714 (1986); INS v. Chadha, 462 U.S. 919 (1983); Youngstown Sheet & Tube Co. v. Sawyer, 343 U.S. 579 (1952).

government.[8] In some states, the governor appoints the top officials of the bureaucracy – often with the approval of the state legislature. In other states, some key officials, such as the state attorney general, are popularly elected.

Federal systems are particularly useful to govern large land masses like the United States in which different parts of the country have different climates, populations, natural resources, topographies, and other characteristics. State and local governments can then be structured to address the particular needs of each region. Smaller governmental structures are also more responsive to the needs of the people.[9] Constituencies are smaller so that their leaders are more accessible. At times, this closeness to the people can help these governmental subdivisions to mediate disputes between local constituencies and the center,[10] although the division of jurisdictional lines can also create disputes. In addition, independent local governments can serve as laboratories for experimentation with new programs.[11] Perhaps most importantly, statically dividing power through federalism and separation of powers, and dynamically dividing it through checks and balances was, for Americans living in a post-colonial period, the best way to prevent excessive accumulations of power which could lead to tyranny or authoritarianism.[12]

III. Competing jurisdictions

In any federal system, a number of different governments operate on the same land. This can be very dangerous, as each has a certain amount of separate – and sometimes overlapping – power to tax, spend money, convict criminals, and perform other essential governmental functions. Each also has violent force at its disposal in the way of police and sometimes military units, and some pull over the allegiance of its citizens. In pre-Civil War United States, and even after the Civil War, some people believed that they first were citizens of the state in which they lived.[13] For example, the famous general of the Confederacy, Robert E. Lee, considered that his primary allegiance and citizenship was to the state of Virginia. So federal systems can sometimes prompt competing loyalties which can sometimes threaten their very existence.[14]

---

8. Larry Kramer, *Understanding Federalism*, 47 VAND. L. REV. 1485, 1542-46 (1994).

9. A. E. Dick Howard, *The Values of Federalism*, 1 NEW EUROPE L. REV. 143, 150-51 (1993).

10. *See* Kramer, *supra* note 8, at 1540-42 (describing the role of the Northern governors in holding the North together during the Civil War and emphasizing their membership in the same political party as President Lincoln).

11. Howard, *supra* note 9, at 151-52.

12. *Id.* at 145-46.

13. *See* Kramer, *supra* note 8, at 1551.

14. Howard, *supra* note 9, at 160.

In a federal system in which each level of government also features a separation of powers, the potential for conflict only multiplies, because each executive, legislature, and judiciary at each of the federal levels of government possesses a certain amount of power.[15] Consequently, in any federated separation of powers system, the division of jurisdiction or power is of paramount importance. These complex, emotional issues can take many years, decades, or even centuries to settle.[16] In American history, courts have played a key role in mediating these jurisdictional disputes. [17] Unfortunately, however, courts have not always been successful in resolving these tensions. In fact, sometimes courts exacerbate them.[18] Tragically, then, in the history of the United States, part of the jurisdictional settlement involved the ultimate horror for any federal system, civil war.

In terms of constitutional jurisdictional lines, the history of American federalism is one of transition from the sovereignty of the states, to dual sovereignty for the most part dominated by the states, to nearly a single sovereign, *viz.* A system in which the national government could for a time *de jure* supplant virtually all of the regulatory power of the states.[19] Over the past twenty years, however, we have witnessed a return to a *de jure* dual sovereignty system, this one, however, dominated by the national government. Dispute resolution during each of these four stages has been dominated by distinctive but varying mixes of violence, judicial mediation, and politics. As I will explain, the United States has never departed from a de facto system of dual sovereignty.

IV.   Renvoi: the four versions of American federalism

The first stage of American federalism began with powerful states and a relatively weak national government. For the first few years after the American Revolutionary War, concluded in 1782, the national government was structured by a constitution known as the Articles of Confederation. The people feared a strong central government, partly because of their experience under English

---

15. *Id.*

16. Pinder, *supra* note 4, at 247-53.

17. For example, the U.S. Supreme Court resolved the dispute between the state of Maryland and the United States when the former sought to tax the Bank of the United States. The Supreme Court invalidated this tax in *McCulloch v. Maryland*, 17 U.S. (4 Wheat.) 316 (1819).

18. The U.S. Supreme Court greatly exacerbated federalism tensions in *Dred Scott v. Sanford*, 60 U.S. (19 How.) 393 (1857). That case invalidated the Missouri Compromise enacted by Congress to help ameliorate the slavery issue.

19. Kramer, *supra* note 8, at 1494-1503.

rule.[20] Under the Articles, the national government was so weak as to be almost nonexistent; the states – which pre-existed the national government as colonies – exercised virtually all power.[21] Even states experienced difficulty exerting power in the new nation, and sometimes themselves had to resort to violence, as in Shay's Rebellion, in which the Governor of Massachusetts had to call out the militia to enforce orders by the Massachusetts' courts.[22] States also experienced difficulties in organizing an effective system of trade with each other.

In 1786, Virginia proposed a meeting of the states to consider the problem of trade within the United States. Many of the states were imposing tariffs and trade barriers on goods from other states.[23] The delegates to this meeting recommended that another meeting be held in Philadelphia, Pennsylvania, to consider the efficacy of the Articles of Confederation. The purpose of the meeting quickly changed from revision of the Articles of Confederation to drafting a new constitution. The key compromise was between the small and large states on their respective representation in the new Congress.[24] The small states wanted an equal number of representatives from each state, whereas the large, populous states wanted representation based on population. The New Jersey compromise established two chambers of Congress. One chamber, the Senate, would have two delegates from each state.[25] In contrast, representation in the other chamber, the House of Representatives, would be based strictly on population.[26]

---

20. Harry N. Scheiber, "Federalism and the Constitution: the Original Understanding", in *American law and the constitutional order: historical perspectives* 85, 86 (Lawrence M. Friedman & Harry N. Scheiber eds., 1988).

21. *Id.* at 86.

22. *See* Duncan v. Kahanamoku, 327 U.S. 304, 320 (1946) ("The executive and military officials who later found it necessary to utilise the armed forces to keep order in a young and turbulent nation, did not lose sight of the philosophy embodied in the Petition of Right and the Declaration of Independence, that existing civilian government and especially the courts were not to be interfered with by the exercise of military power. In 1787, the year in which the Constitution was formulated, the Governor of Massachusetts colony used the militia to cope with Shay's rebellion. In his instructions to the Commander of the troops the Governor listed the 'great objects' of the mission. The troops were to protect the judicial courts...", "to assist the civil magistrates in executing the laws...", and to "aid them in apprehending the disturbers of the public peace...". The Commander was to consider himself "constantly as under the direction of the civil officer, saving where any armed force shall appear and oppose ... [his] ... marching to execute these orders").

23. *See* Scheiber, *supra* note 20 at 86.

24. *Id.* at 88.

25. U.S. Constitution Article I, § 3.

26. *Id.* at Article I, § 2.

The Seventeenth Amendment, promulgated in 1913, changed the method of electing the Senate from the state legislatures to the people.[27] Senate selection by state governments afforded state governments a voice in the national government,[28] which included helping to structure the national government. Specifically, the Senate must confirm the appointments made by the President of all cabinet members, other principal government officers, and federal judges, including those of the Supreme Court.[29] In structuring the domestic government, state legislatures through their Senators also had the power to consent to the appointment of cabinet ministers and other key members of the bureaucracy. Moreover, the power of the Senate to confirm all federal judges, including Justices of the Supreme Court, afforded states a constitutional role in selecting those who ultimately define the structure of federalism itself under the Constitution. The Constitution gives the Senate power to ratify, by a two-thirds vote, treaties signed by the president. Indirectly, then, state governments participated through the Senate in structuring the international relations of the United States by ratifying treaties and confirming ambassadors.

After the enactment of the Seventeenth Amendment, States still continued to exercise power in these various areas, but through Senators elected by the people of the state rather than by state legislatures. Popularly elected Senators will obviously be less responsive to the wishes of state governments than ones selected by state legislatures; but from the beginning, the Senate has been somewhat insulated from day-to-day politics by their six-year terms. Still, state legislatures are more likely to remember acts of disobedience by their Senators then are the people.

The new Constitution provided for a number of powers of the national government, primarily in Article I, § 8. Among the most prominent are the powers to tax and spend;[30] to lay import duties; to regulate interstate and international commerce; and to organise the military and make war;[31] to coin money; to establish post offices; to make treaties; and to regulate bankruptcy, citizenship, and intellectual property. Importantly, the federal government can also create its own system of courts, and can give these courts exclusive jurisdiction over any cases arising under federal statutes.[32] Congress can also give the federal courts jurisdiction in lawsuits involving citizens of different states on the theory that state courts might be prejudiced against persons from

---

27. U.S. Constitution Amendment XVII.

28. *But cf.* Kramer, *supra* note 8, at 1508-10 (arguing that Senators appear to have retained considerable independence from state legislators).

29. U.S. Constitution Article II, § 2.

30. State governments can also tax and spend.

31. The states can have militias for which the national government can make rules. U.S. Constitution Article I, § 8.

32. U.S. Constitution Article I, § 8, Article III, § 2. The Constitution only provides for the Supreme Court; the remainder of the federal courts have been created by statute.

another state.[33] Both the state and federal courts have the power to decide cases arising under the United States Constitution, but the national Supreme Court has the last word.[34] As courts have been so important in the formulation of American law, this dual system of courts has had a profound impact on the development of American law.

Article I, § 10 prohibits the states from exercising certain powers which have been granted to the national government, such as coining money. This Section also prohibits states from keeping troops or from entering into agreements with other states or with foreign powers without the consent of Congress. Article IV, § 2 requires that the states honor, or give "full faith and credit" to, the laws and judicial decisions of other states. Most importantly of all, the Supremacy Clause of Article VI of the Constitution declares that the Constitution, statutes, treaties, and even administrative regulations of the United States are the supreme law of the land.[35] Using this clause, courts invalidate under the doctrine of preemption any state laws that conflict with national laws or that interfere with the operation of the national government.[36]

On the face of the Constitution, the national government has limited powers. It ostensibly has only the powers in Article I, § 8 – the enumerated powers. The Tenth Amendment allocates all residual powers to the states. Only federal laws duly enacted under Congress's Article I, § 8 powers preempt state laws. For many years, the courts invalidated as unconstitutional federal laws that exceeded Congress's limited powers.[37] The original Constitution thus created two sovereigns, or two spheres of sovereignty. The federal government reigned only in its limited sphere of sovereignty; the states enjoyed sovereignty over everything else, as states were governments of general powers. This second stage of dual sovereignty was characterised by very strong states and a comparatively weak national government; however, the power of the national government grew through much of this 150-year period, particularly after the Civil War.

---

33 U.S. Constitution Article III, § 2; Erie R. Co. v. Tompkins, 304 U.S. 64 (1938).

34. *See, e.g.*, Martin v. Hunter's Lessee, 14 U.S. (1 Wheat.) 304 (1816).

35. Article VI states: "This Constitution, and the Laws of the United States which shall be made in pursuance thereof; and all treaties made, or which shall be made, under the authority of the United States, shall be the supreme law of the land; and the judges in every State shall be bound thereby, anything in the Constitution or the laws of any State to the Contrary notwithstanding." U.S. Constitution Article VI, cl. 2.

36. *See* McCulloch v. Maryland, 17 U.S. (4 Wheat.) 316 (1819) (invalidating a state law taxing a national bank).

37. *See* Railroad Retirement Board v. Alton R. Co., 295 U.S. 330 (1935); United States v. E.C. Knight Co., 156 U.S. 1 (1895). For example, the courts invalidated the national income tax so that the national government eventually had to have a constitutional amendment to enact an income tax. *See, e.g.*, Pollock v. Farmers Loan & Trust Co., 158 U.S. 601 (1895).

The national government's assertion of power under the new Constitution was often punctuated by violence. In western Pennsylvania, President Washington himself experienced a Whiskey Rebellion against taxes, which he had to put down with troops.[38] President Andrew Jackson had to threaten the State of South Carolina against secession.[39] Some years later, these tensions exploded into a civil war.

Even before the Civil War, courts often decided important federalism issues, such as *McCulloch v. Maryland*,[40] *Gibbons v. Ogden*,[41] and *Dred Scott v. Sanford*.[42] A prominent Justice of the Supreme Court, Oliver Wendell Holmes, who almost died from severe wounds in the Civil War, noted that the true nationhood of the United States was forged not in the Constitution, but in the blood of that war.[43] In the post-Civil War period, dual sovereignty continued, but the federal government increased its powers relative to the states. The victory of the national government in the Civil War was codified in the Thirteenth,[44] Fourteenth, and Fifteenth Amendments.[45] The Fourteenth Amendment is perhaps the most important structural amendment to the

---

38. *See* Duncan, *supra* note 22 at 320-21 ("President Washington's instructions to the Commander of the troops sent into Pennsylvania to suppress the Whiskey Rebellion of 1794 were to the same effect. The troops were to see to it that the laws were enforced and were to deliver the leaders of armed insurgents to the regular courts for trial. The President admonished the Commanding General 'that the judge can not be controlled in his functions.' In the many instances of the use of troops to control the activities of civilians that followed, the troops were generally again employed merely to aid and not to supplant the civilian authorities. The last noteworthy incident before the enactment of the Organic Act was the rioting that occurred in the Summer of 1892 at the Coeur-d'Alene mines of Shoshone County, Idaho").

39. See Thomas Jefferson 125-26 (Merrill D. Peterson ed., 1986); Caleb P. Patterson, *The constitutional principles of Thomas Jefferson* 55-56, 149-55 (1953); Charles Krauthammer, "Why Lithuania Is Not Like South Carolina", *Time*, Apr. 16, 1990, at 88 (attempting to distinguish Lithuanian secession from South Carolinian secession).

40. 17 U.S. (4 Wheat) 316 (1819) (upholding congressional authority to establish a national bank).

41. 22 U.S. (9 Wheat) 1 (1824) (establishing a fairly broad congressional power over commerce).

42. 60 U.S. (19 How.) 393 (1856) (invalidating the power of the federal government to eliminate slavery in the territories).

43."It was enough for... [The Framers of the Constitution] to realise or to hope that they had created an organism; it has taken a century and has cost their successors much sweat and blood to prove that they created a nation" *Missouri v. Holland*, 252 U.S. 416, 433 (1920). *See also* Richard A. Posner, *The Jurisprudence of Skepticism*, 86 MICH. L. REV. 827, 886 (1988).

44. The Thirteenth Amendment abolished slavery and involuntary servitude. U.S. Constitution Amendment Thirteen.

45. The Fifteenth Amendment prohibits the federal or state government from infringing on the right to vote based on race. U.S. Constitution Amendment XV.

Constitution.[46] The Fourteenth Amendment restructured the American federal system, shifting dramatic amounts of power away from the states and toward the national government.[47] Most of the individual rights protections of the Constitution – including freedom of speech and other protections of the Bill of Rights – did not apply against the states, but only against the national government.[48] It took the Supreme Court nearly 100 years after the enactment of the Fourteenth Amendment to construe it to apply certain individual rights guarantees directly against the states.[49] The Fourteenth Amendment also applied the Equal Protection Clause against the states,[50] which courts have construed – again over the 100 years since its promulgation – to prohibit discrimination on the basis of race, nationality, ethnicity, gender, and certain other bases.[51]

The Supreme Court mediated this power shift over almost a century. It sometimes advanced the cause of the national government, particularly through its "dormant commerce clause" jurisprudence in, for example, forbidding states from interfering with interstate commerce.[52] As in the individual rights area, it sometimes restrained assertions of power by the national government in very important ways, such as striking down the original income tax as unconstitutional.[53]

Sometimes despite the Court, the national government also increased its power in many areas besides protecting human rights. In 1913, it acquired, by

---

46. "The Fourteenth Amendment states: All persons born or naturalised in the United States and subject to the jurisdiction thereof, are citizens of the United States and of the State wherein they reside. No State shall make or enforce any law which shall abridge the privileges or immunities of citizens of the United States; nor shall any State deprive any person of life, liberty, or property, without due process of law; nor deny to any person within its jurisdiction the equal protection of the laws." U.S. Constitution Amendment Fourteen, § 1.

47. *See* Seminole Tribe v. Florida, 517 U.S. 44, 65 (1996) ("the Fourteenth Amendment, adopted well after the adoption of the Eleventh Amendment and the ratification of the Constitution, operated to alter the pre-existing balance between state and federal power achieved by Article III and the Eleventh Amendment").

48. Baron v. The Mayor & City Council of Baltimore, 32 U.S. (7 Pet.) 243 (1833).

49. The process of applying most of the guarantees of the Bill of Rights against the states is known as selective incorporation.

50. "...nor deny to any person within its jurisdiction the equal protection of the laws." U.S. Constitution Amendment XIV, § 1.

51. Mississippi University for Women v. Hogan, 458 U.S. 718 (1982).

52. *See* Wabash, St. Louis & Pacific Railway v. Illinois, 118 U.S. 557 (1886); Munn v. Illinois, 94 U.S. 113 (1877); Cooley v. Board of Wardens, 12 How. 299 (U.S. 1851).

53. *See* Pollock v. Farmers' Loan & Trust Co., 157 U.S. 429, modified on reh'g, 158 U.S. 601 (1895); Calvin R. Massey, *Takings and Progressive Rate Taxation*, 20 HARV. J. L. & PUB. POL'Y 85, 94 (1996) (describing *Pollock* as the famous case that invalidated the income tax as a direct tax, thereby prompting the passage of the Sixteenth Amendment).

constitutional amendment, the power to levy an income tax.[54] The Congress also promulgated regulatory schemes covering antitrust, unionisation, wage and hours laws, and other matters. For a time, the Supreme Court held some of this national legislation unconstitutional on the ground that it encroached on state sovereignty. Using this theory, the Court invalidated some important portions of President Franklin D. Roosevelt's New Deal.[55] Later, under pressure generated from President Roosevelt and the Great Depression, the Court relented and, in some new interpretations of the Constitution, made the national government one of almost unlimited power against the states.[56] The guarantees of the Bill of Rights limit what the national government – and with a few exceptions, the states – can do to individuals.[57] Until very recently, the Supreme Court construed the Constitution to allow the national government to project its power so far, that it was effectively the only sovereign on the territory of the United States. The national government could regulate virtually any area it chose, and its regulations preempted those of the state governments.

National sovereignty marked a third stage of American federalism. During this stage, courts significantly withdrew from mediating federalism disputes between national and state governments, and permitted the political branches to resolve their own disputes.[58] This third stage exhibited a maturing process. Indeed, the entire progression through the stages has been characterised by maturation from a status quo in which violence and courts played less important roles in mediating federalism disputes, and the political processes becoming sufficiently mature to be able to address their own disputes. Courts did not, however, completely withdraw from the federal mediation process in this third political stage. They continued to play a prominent role in what is referred to as

---

54. U.S. Constitution Amendment XVI.

55. *See* Schechter Poultry Corp. v. United States, 295 U.S. 495 (1935); Louisville Bank v. Radford, 295 U.S. 555 (1935).

56. During the critical spring of 1937, two Justices shifted votes sustaining several key portions of President Roosevelt's New Deal. *See* Norman Redlich, Bernard Schwartz & John Attanasio, *Understanding Constitutional Law 196*, (1995). This is the traditional view. *See, e.g.,* Cass R. Sunstein, *The partial Constitution* 41-42, 54-55 (1993); Barry Cushman, *Rethinking the New Deal Court*, 80 VA. L. REV. 201 & n.1 (1994). *See also* Michael Ariens, *A Thrice-Told Tale or Felix the Cat*, 107 HARV. L. REV. 620, 629-34 (1994). Some scholars describe a pattern of decisions by the Supreme Court which more gradually increased the power of the federal government relative to the states. *See, e.g.,* Barry Cushman, *A Stream of Legal Consciousness: The Current of Commerce Doctrine from Swift to Jones & Laughlin,* 61 FORDHAM L. REV. 105, 156-60 (1992). *See also* Richard D. Friedman, *Switching Time and Other Thought Experiments: The Hughes Court and Constitutional Transformation,* 142 U. PA. L. REV. 1891, 1897 (1994).

57. *See generally,* John B. Attanasio, *Everyman's Constitutional Law: A Theory of the Power of Judicial Review*, 72 GEO. L.J. 1665, 1678 (1984).

58. *See* John B. Attanasio, *Federalism in the United States: Basic Elements and Chances for Survival*, 1995 St. Louis-Warsaw Transatlantic L.J. 121.

"dormant commerce clause" jurisprudence: specifically, courts restrained the states from imposing regulations that impaired national power.[59]

Further illustrating overlap, some violence has marred all three of the stages. For example, in the national sovereignty stage, violence often accompanied the national government's efforts to desegregate various educational and other institutions. Neither violence nor court mediation nor politics were the exclusive methods of resolving federalism disputes during any of these three stages; however, the mix of these methods has differed during each stage, and even within each stage.

What is emerging in recent decisions of the Supreme Court of the United States is a fourth stage of renewed dual sovereignty which may be termed a neo-judicial stage. Unlike the second stage of dual sovereignty, this one appears to be dominated by the national government rather than the states. As previously noted, courts have never withdrawn from resolving federalism disputes.[60] What is different about the fourth, dual sovereignty stage is that courts are not limiting themselves to constraining the power of the states, but instead, are again playing a role in restraining the power of the national government as against the states. The precise contours of this dual sovereignty, fourth stage are difficult to anticipate at this point.

The stirring which led to this fourth stage can be traced back to *National League of Cities v. Usery*,[61] which struck down the imposition of maximum hours laws on police and fire officials. The Court decided that this was a core element of what states do and, therefore, of their sovereignty. While the Court later reversed *Usery in Garcia v. San Antonio Metro Transit Authority*[62], the dissenters in Garcia predicted that they would triumph in reasserting a system of dual sovereignty with independent, *de jure* state powers. They have clearly been successful in doing so.

One early indicator of renewed dual sovereignty occurred in the important Spending Clause case of *Penthurst State School and Hospital v. Halderman*.[63] In that case, the Supreme Court required that when Congress allocates funds to

---

59. *See* Kassel v. Consolidated Freightways Corp., 450 U.S. 662 (1981) (the Court held unconstitutional an Iowa statute prohibiting the use of 65-foot double trailer trucks within its borders); Raymond Motor Transp., Inc. v. Rice, 434 U.S. 429 (1978) (holding unconstitutional a Wisconsin regulation generally barring trucks longer than 55 feet from the state highways without a permit); Pike v. Bruce Church, Inc., 397 U.S. 137 (1970); Bibb v. Navajo Freight Lines, Inc., 359 U.S. 520 (1959) (holding unconstitutional an Illinois statute requiring trucks operating on state highways to be fitted with contour mudguards).

60. *See supra* note 57.

61. 426 U.S. 833 (1976).

62. 469 U.S. 528 (1985).

63. 451 U.S. 1 (1981).

the states, in exchange for certain services or other concessions, Congress has to make the exact nature of the quid quo pro being exacted from the states absolutely clear.

Several other cases stood for the proposition that Congress cannot commandeer the legislative or administrative organs of the states so as to reduce their authority to administrative units of the national government rather than independent sovereigns. *New York v. United States*[64] invalidated a congressional law that required states to dispose of radioactive waste within their borders by a certain date or take title to that waste and be liable for all the waste that was located within their borders. The Supreme Court struck down this regulation because Congress was essentially commandeering state governments to enact a federal program.[65] Congress could not order states either to enact or administer federal regulatory programs,[66] as setting the agenda of the governmental regulatory program is an important attribute of state sovereignty.

Printz v. United States[67] exhibits similar judicial concerns with preserving a measure of state sovereignty against infringement by the federal government. That case invalidated provisions that required state officers to administer a national regulatory program by running certain checks on people who wanted to purchase firearms.[68] The Supreme Court held that the federal government could not compel the states to administer federal programs.[69] Thus, one theme that may define this fourth neo-judicial stage is limited judicial intervention to preserve some essential state sovereignty. The Court's involvement in this area may be driven by a belief that the political processes have failed to adequately guarantee an appropriate level of sovereignty for the states.[70]

A third series of cases defining this renewed dual sovereignty stage invokes the Eleventh Amendment to limit the right to sue state officials. In *Seminole Tribe of Florida v. Florida*,[71] the Court construed the Eleventh Amendment to curtail citizens' ability to sue state officials in federal court. In *Alden v. Maine*,[72] the

---

64. 505 U.S. 144 (1992).

65. *Id.*

66. *Id.*

67. 521 U.S. 898 (1997); *see also* Evan H. Caminker, *State Sovereignty and Subordinacy: May Congress Commandeer State Officers to Implement Federal Law?*, 95 COLUM. L. REV. 1001 (1995).

68. Printz, 521 U. S. 898 (1997).

69. *Id.*

70. *See* Louis Henkin, *Human Rights and State "Sovereignty"*, 25 GA. J. INT'L & COMP. L. 31 (1996).

71. 517 U.S. 44 (1996).

72. 527 U.S. 706 (1999).

Court limited the ability to sue state officials for damages in state courts. In important ways, immunity from lawsuits is an essential attribute of a state's sovereignty.

In a fourth series of cases defining this fourth, dual sovereignty stage, the Court has limited the ability of Congress to use its powers under Section 5 of the Fourteenth Amendment to enforce the protections of the Fourteenth Amendment to abrogate state sovereign immunity. For example, in *Kimel v. Florida Board of Regents,*[73] the Court refused to construe Section 5 to allow Congress to prohibit the states from engaging in age discrimination.

Finally, in a fifth series of cases, the Court has even narrowed Congress's power under the Commerce Clause. In *Lopez v. United States,*[74] the Court struck down a law regulating gun possession in a school zone as having no substantial effect on interstate commerce. More recently, in *United States v. Morrison,*[75] the Court struck down the Violence Against Women Act as not having a substantial effect on interstate commerce. One theme that may define this fourth dual sovereignty stage is limited judicial intervention to preserve some essential state sovereignty; but *Lopez* goes beyond this. Unlike these other cases, *Lopez* and *Morrison* limit the power of Congress to regulate commerce even when Congress is not directly interfering with the essential sovereignty of state governments.

The Court's renvoi in protecting some measure of state sovereignty may be driven by a belief that the political processes have failed to guarantee adequately an appropriate level of sovereignty for the states.[76] Even with this shift back toward the states, the central theme of American federalism is the rise in power of the national government.

What accounts for this dramatic shift in power toward the national government? In part, advances in communications and transportation made possible the greater projection of power by the central government. Part of this trend resulted from the failure of the states to protect human rights, particularly those of ethnic minorities – notably, but not solely, African Americans.[77] Part of it resulted from the development of a dominant American psyche.[78]

---

73. 528 U.S. 62 (2000).

74. 514 U.S. 549 (1995).

75. 529 U.S. 598 (2000).

76. *See* Henkin, *supra* note 73.

77. Robert J. Kaczorowski, *Revolutionary Constitutionalism in the Era of the Civil War and Reconstruction,* 61 N.Y.U. L. REV. 863, 871-73 (1986).

78. Many factors have contributed to the development of an American psyche. *See* Kramer *supra* note 8, at 1557-58.

Part of the trend toward centralisation was in response to economic forces. As businesses grew larger, state governments were simply inadequate to regulate them. The businesses operated nationally, but the states could only regulate them locally. For example, if a state tried to tax a business or require the provision of certain employee benefits, the business could simply move to a state that did not impose this regulation that the business disliked.[79] In other instances, local regulations impeded the efficient functioning of large, national businesses. For example, if one state imposed restrictions on the length of trucks or railroad cars and another state imposed inconsistent restrictions, businesses would have difficulty complying with both sets of restrictions.[80] For many years, the Supreme Court of the United States has invalidated such restrictions.[81] States also cannot prevent products from being imported from other states to protect their own industries against competition.[82] They can, however, ban products from coming into their state for legitimate health or safety reasons.[83] States generally cannot protect natural resources located within their borders from being exported to another state for use in an industry there.[84]

One of the main thrusts in the federalism area, then, has been preventing political boundaries from impeding the creation of a national common market which has been foundational to American prosperity. Nurturing interstate commerce has required the abrogation of state regulatory authority in areas where divergent state approaches could fractionalise the common market. Courts have played a central role in this process, serving as the key mediating institutions in the disputes that have inevitably occurred between different governments operating on the same territory.

Even when the United States approached comprising *de jure* a single national sovereign, the states remained quite powerful de facto. Operating over a large population and land mass, the national government has no choice but to leave a great number of responsibilities to the states. For example, state and local governments operating under the states have always exercised most police functions, chartered all American corporations and many banks, and

---

79. For the classic account of these points, *see* Stewart Machine Co. v. Davis, 301 U.S. 548 (1937).

80. *See, e.g.,* Kassell v. Consolidated Freightways Corp., 450 U.S. 662 (1981).

81. *See* Southern Pacific Co. v. Arizona, 325 U.S. 761 (1945) (invalidating an Arizona train-limit law prohibiting operation of a train longer than 14 passenger or 70 freight cars).

82. *See, e.g.,* Philadelphia v. New Jersey, 437 U.S. 617 (1978) (holding unconstitutional a New Jersey statute that forbade importation of out-state waste to preserve its landfill space for New Jersey citizens).

83. *See* Maine v. Taylor, 477 U.S. 131 (1986) (upholding a Maine statute prohibiting importation of the golden shiners, a minnow used as live bait fish).

84. *See, eg.,* Hughes v. Oklahoma, 441 U.S. 322 (1979) (striking down a state law prohibiting the shipment of out-of-state minnows procured in Oklahoma).

promulgated by legislation or judicial decision almost all of contract and commercial law, education law, property and land use law, estate and trust law, family law, tort law, and most health law. Much of the material taught in American law schools has always been state law. The vast bulk of the law that affects Americans on a daily basis is state law.[85]

V.   Conclusion

De jure, Congress could still preempt the overwhelming scope of state regulatory authority if it chose to do so, but this option would be infeasible; therefore, the states are de facto left many powers simply by default, *viz.* By the failure because of inefficiency, of the federal government to step into a field of regulation. States also retain power through a variety of important political mechanisms. As Professor Larry Kramer has noted, state bureaucracies often are important in administering federal laws.[86] Professor Kramer has also argued that common membership in a political party fosters relationships that sensitise government officials at local, state, and national levels to each other's interests. Reliance by federal officials on state party mechanisms for policy implementation and political support renders federal officials responsive to state concerns and susceptible to state influence.[87] Further, state courts interpret federal law unless Congress gives the federal courts exclusive jurisdiction, which it has done only rarely. Moreover, state courts have a constitutional duty, which Congress cannot abrogate, to interpret the national Constitution. Thus, the United States still has a true federal system. It originated under a system of state sovereignty under the unsuccessful Articles of Confederation. Under the new Constitution, it began as a system of dual sovereignty tilted heavily in favour of state governments. Over time, the power of the national government gradually increased, receiving a big boost by the Civil War and the constitutional amendments following the war. By the time of the New Deal of President Franklin Delano Roosevelt, power had so shifted in favour of the federal government that the United States could fairly be called a system of national sovereignty. Over the past 20 years, however, the Supreme Court limited some of the sovereign powers of the national government so that the system could once again be appropriately described as a dual sovereignty system, but this time heavily tilted in favour of the national government.

These dramatic moves in the *de jure* situation hide a much more interesting and important phenomenon, *viz.* That states always fashioned the overwhelming share of American law. Even when the Supreme Court construed the United States Constitution to allow the national government basically to supplant state governments, the national government did not do this. Rather than rely solely

---

85. Kramer, *supra* note 8, at 1504.

86. *Id.* at 1542-46.

87. *Id.* at 1522-42.

on courts to determine the division of federal authority, the United States relied on a more practical, political, and functional federalism. Even when virtually all de jure constitutional authority rested for decades in the national government, political, practical, and functional considerations still devolved most effective law-making power in state and local governments. Within *de jure* demarcations created by courts, changes in thinking and in circumstances also shift the de facto exercise of power over particular functions between the different levels of governmental authority over time.

Recent court decisions also demonstrate continuing judicial constitutional protection for a core constitutional sphere of state authority. How large the realm of constitutionally-protected state authority will become remains to be seen. Despite a remarkable phoenix-like rebirth in the *de jure* constitutional authority of the states, the political processes still dominate the process of marking lines of authority between the national government and the states.

CANADIAN FEDERALISM

Mr Yves de MONTIGNY
Senior General Counsel, Ministry of Justice
(Observer to the Venice Commission in respect of Canada)

Introduction

Constitutional law is the law prescribing the exercise of power by the organs of a State. It explains which organs can exercise legislative power (making new laws), executive power (implementing the laws) and judicial power (adjudicating disputes), and what the limitations on those powers are. In a federal state, the allocation of governmental powers (legislative, executive and judicial) among central and regional (state or provincial) authorities is a basic concern. The rules of federalism are especially significant in Canada because they protect the cultural, linguistic and regional diversity of the nation.

In most countries, the bulk of the constitutional law is contained in a single constitutional document, which can be and usually is described as "the Constitution". In Canada, however, there is no single document and much of Canada's constitutional law continues to be found in a variety of written and unwritten sources. One of the main written sources of Canadian constitutional law is the Constitution Act, 1867 (formerly known as the B.N.A. Act), a written document that created the new Dominion of Canada by uniting three of the colonies of British North America and provided the framework for the admission of all the other British North American colonies and territories. The Constitution Act, 1867 establishes the rules of federalism, that is, the rules that allocate governmental power between the central institutions (especially the federal Parliament) and the provincial institutions (especially the provincial Legislatures). The Constitution Act, 1982, enacted by the United Kingdom Parliament, is the other main source of constitutional law in Canada. It contains an express abdication of British legislative authority over Canada, an amending formula and a Charter of Rights. Apart from those imperial statutes, the formal Constitution of Canada is comprised of a number of other British and Canadian statutes (listed in an annex to the Constitution Act, 1867). To these instruments must also be added conventions and case law when we refer loosely to the "Constitution of Canada". The Constitution is "supreme", meaning that it is binding on and unalterable by, each of the central and regional authorities. Section 52(1) of the Constitution Act, 1982 stipulates that the "Constitution of Canada" is "the supreme law of Canada" and that "any law that is inconsistent with the provisions of the Constitution is, to the extent of the inconsistency with the provisions of the Constitution, of no force and effect". Contrary to the

Constitution of United Kingdom and New Zealand for example, where the Constitution is "flexible", meaning that any part of it can be altered by ordinary legislative action, in Canada, neither the federal Parliament nor a provincial legislature has the power to alter unilaterally the provisions of the Constitution of Canada. For most amendments, the Constitution requires that assents of the two Houses of the federal Parliament and two-thirds of the provincial legislative assemblies representing 50 per cent of the population of all the provinces. This entrenchment of the Constitution of Canada makes it "rigid".

Première partie : Distribution des pouvoirs législatifs et exécutifs

1. Caractéristiques du fédéralisme canadien

Avant d'entreprendre l'étude du partage des compétences entre les autorités fédérale et provinciale, il est intéressant de souligner certaines des caractéristiques centralisatrices du fédéralisme canadien.
La Loi constitutionnelle de 1867[1] octroie à l'exécutif fédéral les pouvoirs suivants :

- Pouvoir de nomination du lieutenant-gouveneur : Le lieutenant-gouverneur est à la tête de l'exécutif provincial et à ce titre, il doit sanctionner tous les projets de loi adoptés par la législature de la province. À défaut de ce faire, le projet de loi ne peut devenir loi. Il a donc en quelque sorte un pouvoir de veto sur toute nouvelle loi provinciale, et peut même en théorie recevoir des instructions du gouverneur général, qui lui représente les autorités fédérales.

- Pouvoir de désaveu : En vertu de ce pouvoir, le gouverneur en conseil peut annuler toute loi provinciale.

- Pouvoir de nomination des juges des Cours supérieures provinciales : La Loi constitutionnelle de 1867 confère aux législatures provinciales le pouvoir exclusif de faire des lois relatives à "l'administration de la justice dans la province, y compris la Constitution, le maintien et l'organisation de tribunaux provinciaux, de juridiction tant civile que criminelle, y compris la procédure en matière civile dans ces tribunaux". Toutefois, la L.c.1867 réduit considérablement l'importance de la compétence accordée aux législatures provinciales en octroyant au fédéral le pouvoir de nommer les juges des Cours supérieures provinciales.

À cause notamment de ces éléments centralisateurs, certains auteurs ont déjà prétendu que le Canada ne se qualifiait pas comme une fédération et constituait tout au plus une quasi-fédération. Il faut cependant noter que l'interprétation

---

1. Ci-après, L.c.1867.

judiciaire du texte constitutionnel, ainsi que l'émergence de nombreuses conventions, ont radicalement transformé la pratique du fédéralisme au Canada, à un point tel qu'il n'est pas exagéré de dire que le fédéralisme canadien est probablement le plus décentralisé au monde. En effet, les pouvoirs de désaveu et de réserve sont tombés en désuétude. Quant au pouvoir du fédéral de nommer les juges des Cours provinciales, le principe d'indépendance judiciaire fortement enraciné dans la tradition démocratique du Canada nous permet d'affirmer que la perspective d'une influence centralisatrice au détriment des intérêts provinciaux ne constitue pas une véritable menace pour le fédéralisme canadien. Enfin, l'assiette fiscale importante des provinces et les transferts sans condition en provenance du fédéral accordent aux provinces une très grande autonomie. Dans les faits, il est donc possible d'affirmer que le Canada constitue une véritable fédération, certainement moins centralisatrice que celles des États-Unis et de l'Australie.

II. *Le partage des compétences*

Au moment de la Confédération en 1867, les constituants ont doté le fédéral et les provinces d'organes législatifs propres et leur ont octroyé des compétences qui en principe sont mutuellement exclusives. En vertu de ce principe de l'exclusivité, les deux niveaux de Parlement sont relativement autonomes dans l'exercice de leurs compétences législatives et les compétences d'un ordre de gouvernement ne peuvent être envahies par l'autre. Par conséquent, leur non-usage ne peut avoir pour effet de les rendre utilisables par l'autre palier de gouvernement. Il résulte de l'exclusivité des compétences énumérées que toute forme de délégation interparlementaire est interdite. Comme nous le verrons, ce principe de l'exclusivité est toutefois limité par la possibilité qu'ont le fédéral et les provinces de "déborder" sur des matières relevant de la compétence exclusive de l'autre palier de gouvernement, par leur pouvoirs "accessoires" et par le "double aspect".

a. *Les compétences législatives du Parlement fédéral*

Le partage des compétences législatives effectué en 1867 est caractérisé par une orientation nettement centralisatrice. L'article 91 de la *L.C. de 1867* énumère les compétences législatives exclusivement attribuées au Parlement fédéral. Au surplus, le préambule du paragraphe introductif de cette disposition confère un pouvoir général de faire des lois pour la paix, l'ordre et le bon gouvernement sur toutes matières ne tombant pas dans les catégories de sujets exclusivement assignés aux législatures des provinces par l'article 92. Ce pouvoir général de légiférer du Parlement canadien a donné naissance à trois théories jurisprudentielles.

- Le pouvoir d'urgence

Le pouvoir général du Parlement fédéral confère notamment au Parlement fédéral le pouvoir de légiférer à la place des provinces dans leurs domaines législatifs pour faire face à des situations d'urgence. Par conséquent, il ne peut s'exercer que pour une période de temps limitée et n'est pas restreint en fonction des catégories de matières réparties par la Constitution entre le fédéral et les provinces. Le pouvoir d'urgence du fédéral se distingue de son pouvoir relatif aux forces armées et à la défense du pays, qui fait partie des compétences "énumérées" de l'article 91. *L.C. de 1867*. L'urgence d'une situation peut donc permettre la centralisation exceptionnelle de tous les pouvoirs législatifs entre les mains du fédéral. Le fédéral jouit d'une discrétion pour déterminer s'il y a situation d'urgence et les tribunaux n'interviendront pas si cette décision est fondée sur une base rationnelle ou si la partie qui conteste la législation ne peut apporter de preuve au contraire. D'autre part, il est possible qu'une situation d'urgence existe en période de paix ou résulte de conditions exclusivement économiques.

- La théorie des dimensions nationales

En plus du pouvoir d'urgence, les tribunaux ont reconnu le droit au Parlement de légiférer sur toute matière ayant un intérêt pour l'ensemble de la fédération. Contrairement à ce qui prévaut en vertu du pouvoir d'urgence, ce pouvoir permet au fédéral de légiférer sur des matières relevant normalement des juridictions provinciales, sur une base permanente, dans la mesure où une question est jugée d'intérêt national. Le fédéral ne peut toutefois se prévaloir du paragraphe introductif de l'article 91 L.c.1867 pour légiférer sur des matières d'intérêt national que si ces matières sont circonscrites et ne se rattachent à aucune catégorie dévolue aux provinces par exemple; c'est ainsi que les tribunaux ont reconnu au Parlement fédéral la compétence de légiférer sur l'aéronautique, la région de la capitale nationale, l'utilisation des langues dans les institutions fédérales et la pollution dans les eaux marines.

- Le pouvoir résiduel

Enfin, le Parlement fédéral peut également légiférer sur toute matière qui n'a pas été confiée exclusivement aux provinces. C'est l'aspect strictement résiduel du pouvoir général, qui permet aux tribunaux de combler les lacunes, oublis ou omissions du partage des compétences opéré par la *L.C. de 1867*. Il est contrebalancé par la compétence des provinces sur "toutes matières de nature purement locale ou privée". Cette compétence énumérée joue une sorte de rôle résiduel, au profit des provinces.

- Les compétences législatives énumérées

Tel que mentionné précédemment, l'article 91 de la *L.C. de 1867* énumère de façon explicite les champs de compétences législatives réservées au fédéral. Ces compétences dites "énumérées" sont énoncées en termes larges et généraux, permettant une grande flexibilité d'interprétation judiciaire. Les compétences législatives énumérées du Parlement canadien touchent les domaines économique, militaire et financier. Par exemple, le fédéral peut légiférer sur le commerce interprovincial et international, les banques, la faillite, les marques de commerce, les télécommunications, le transport interprovincial et international, le droit criminel et en matière de taxation directe et indirecte.

- Le pouvoir déclaratoire

Cette faculté confère au Parlement fédéral le pouvoir d'étendre sa compétence exclusive à des "travaux" ou des "ouvrages", en les déclarant être à l'avantage du Canada ou bien d'une province. Les "travaux" ou "ouvrages", par exemple, des chemins de fer, des téléphones et des barrages, ainsi unilatéralement "déclarés", sont soustraits de la compétence provinciale.

b. *Les compétences législatives des législatures provinciales*

Les compétences législatives des provinces concernent essentiellement les matières locales. Parmi les compétences provinciales les plus importantes, notons celle de légiférer sur la propriété et sur les droits civils, ainsi que celle de légiférer sur les matières purement locales. En matière fiscale, les compétences provinciales sont limitées à la taxation directe. Des compétences ont aussi été dévolues aux provinces en matière de santé, de services sociaux, de sécurité du revenu, de gestion du territoire, d'environnement, d'institutions municipales et de ressources. Mentionnons également que la compétence provinciale sur la propriété et les droits civils a été interprétée très largement par les tribunaux; le pouvoir de légiférer sur les relations de travail, l'assurance et le commerce local a été attribué aux provinces sur la base de cette compétence législative.

c. *La territorialité des lois*

En principe, le Parlement fédéral est compétent pour légiférer à l'égard des personnes qui se trouvent sur le territoire des provinces et aussi à l'égard de celles qui sont à l'extérieur du Canada, citoyens canadiens ou non. C'est donc dire que chaque individu où il se trouve est sujet aux lois fédérales et aux lois de la province. En principe, les provinces ne peuvent adopter des lois ayant une portée extraterritoriale; les législatures des provinces ne sont compétentes que pour le territoire de leurs provinces respectives. De plus, les lois de la province ne s'appliquent pas à toutes les personnes ou institutions qui s'y trouvent. Par exemple, le Parlement fédéral peut seul légiférer sur les Indiens et les terres qui leur sont réservées dans les provinces ainsi que sur les aspects de la gestion et de l'exploitation des entreprises qui oeuvrent dans des champs de compétence fédérale, comme les entreprises de transport aérien et maritime et de télécommunication.

d. *La délégation de pouvoir*

Le Parlement et les législatures provinciales peuvent déléguer certaines compétences législatives à une autorité subordonnée, le gouvernement. Les mesures législatives édictées par le gouvernement sont appelées "la législation déléguée".

La Constitution est silencieuse sur la délégation de compétences législatives entre les deux niveaux de Parlement. Selon la jurisprudence, l'inter-délégation n'est pas autorisée car elle compromet le partage des compétences établi dans la Constitution.

L'incorporation par renvoi est une technique qui permet occasionnellement à une autorité législative d'incorporer dans sa législation une loi qui provient d'un autre niveau de gouvernement.

e. *Le partage des compétences exécutives*

Les articles de la Constitution qui répartissent les compétences se réfèrent explicitement aux seules compétences législatives. Selon la jurisprudence, les pouvoirs exécutifs sont partagés entre les deux ordres de gouvernement selon le même schéma que les pouvoirs législatifs. Par conséquent, les règles concernant la détermination de la constitutionnalité des lois du point de vue du partage des compétences s'appliquent donc tout autant aux règlements ou autres actes exécutifs contraignants.

Deuxième partie : Le système judiciaire canadien

I. *Organisation des tribunaux*

Le partage relatif à la fonction judiciaire ne correspond en rien au partage des fonctions législative et exécutive dans la fédération. Ce qui caractérise le système judiciaire canadien, c'est l'intégration qui se manifeste par l'absence de distinction entre les juridictions constitutionnelle, administrative, criminelle et civile. Tous les litiges, provinciaux comme fédéraux, sont susceptibles d'aboutir devant la plus haute Cour du pays, la Cour suprême du Canada, créature exclusivement fédérale chargée, depuis 1949, d'interpréter en dernier ressort les règles répartissant les compétences législatives entre le fédéral et les provinces. Avant 1949, c'était le Comité judiciaire du Conseil privé qui exerçait sa juridiction dans les affaires canadiennes.

L'appareil judiciaire canadien comprend deux types de tribunaux : des Cours supérieures et des tribunaux inférieurs. Les Cours supérieures sont la Cour supérieure, la Cour d'appel et la Cour suprême du Canada. Les deux premières sont des Cours qui relèvent de la compétence de la Législature provinciale, mais leurs titulaires sont nommés par le gouvernement fédéral. La Cour suprême du Canada relève du Parlement fédéral et ses juges sont nommés par le gouvernement fédéral.

Les tribunaux provinciaux peuvent appliquer tant le droit provincial que fédéral, tandis que les Cours constituées par le Parlement fédéral ne peuvent appliquer que le droit fédéral (sauf la Cour suprême, bien entendu). Toutefois, seules les Cours supérieures ont le pouvoir inhérent de déclarer l'inconstitutionnalité de lois ou de règlements tant fédéraux que provinciaux, par rapport au partage des compétences législatives ou à la Charte canadienne des droits. Les tribunaux inférieurs ne peuvent le faire qu'à condition que ce soit de façon purement accessoire à l'exercice d'une juridiction particulière attribuée par la loi.

II. *Le pouvoir judiciaire*

a. *Le rôle du pouvoir judiciaire*

Comme nous l'avons mentionné précédemment, le partage des pouvoirs entre les deux niveaux de législature est formulé en termes généraux. Cela n'est pas sans créer des doutes et des ambiguïtés sur la portée des compétences législatives ainsi partagées entre les paliers de Parlement.

La Constitution du Canada comme celle des États-Unis ne comporte pas de mécanisme spécifique de résolution des conflits découlant du partage des compétences. Ce sont les tribunaux qui sont responsables de l'interprétation du partage des compétences législatives. Ils ont le pouvoir de déterminer si une autorité législative a ou non outrepassé les pouvoirs législatifs qui lui étaient exclusivement octroyés dans la Constitution et de déclarer une mesure législative invalide ou inopérante.

b. *La présomption de constitutionnalité des lois*

En vertu de cette présomption, les lois des législatures sont présumées valides tant et aussi longtemps qu'un jugement final ne les a pas déclarées inconstitutionnelles. Celui qui invoque l'inconstitutionnalité doit en faire la preuve. Lorsque la Cour a le choix entre deux qualifications possibles, l'une qui implique la validité et l'autre qui l'écarte, elle doit retenir la première qualification. Cela veut également dire que les tribunaux peuvent, dans des cas particuliers, non seulement restreindre le sens et le champ d'application d'une loi générale pour en préserver son caractère constitutionnel, mais aussi écarter ou dissocier certains aspects inconstitutionnels pour valider la loi dans son ensemble. L'interprétation atténuée ou *"reading down"* permet donc d'exclure, dans les cas qui s'y prêtent, les situations d'application inconstitutionnelle de la loi ou de la réglementation pour confiner celle-ci au secteur qu'elle peut régir. La présomption de validité favorise la permanence des lois que l'on allègue dérogatoires au partage des compétences d'autant que les gouvernements n'ont pas à démontrer que les lois attaquées respectent la Constitution.

c. La retenue judiciaire

La présomption de constitutionnalité incite les juges à faire preuve de retenue et de réserve dans l'exercice de leur rôle d'interprète de la Constitution. Un premier aspect de la retenue judiciaire est que les tribunaux ne se saisissement pas eux-mêmes des problèmes constitutionnels. Ce sont les parties à un litige qui doivent initier une contestation constitutionnelle. Normalement, elles doivent soulever le problème constitutionnel dès la première instance. Néanmoins, les gouvernements provinciaux peuvent saisir directement leur Cour d'appel, et le gouvernement fédéral peut faire de même avec la Cour suprême, dans le cadre d'une procédure que l'on appelle un "renvoi". L'avantage de cette procédure réside dans sa capacité de clarifier rapidement le droit et de prévenir les litiges.

Rien n'empêche un tribunal de soulever d'office un point de droit constitutionnel, mais le caractère contradictoire du processus judiciaire au Canada et au Québec veut qu'en principe les parties soient laissées libres de plaider une cause comme elles l'entendent. En contrepartie, la Cour suprême a élargi considérablement la notion d'intérêt ou de qualité pour agir en matière constitutionnelle; même si en principe les questions constitutionnelles sont soulevées de façon incidente dans un litige opposant deux parties, toute personne peut se présenter devant les tribunaux et soulever directement une question constitutionnelle. Il lui suffira de démontrer qu'il s'agit d'une question sérieuse, que sa résolution est susceptible de l'affecter directement ou encore qu'il n'y a pas d'autre moyen pratique de la faire trancher par les tribunaux.

La partie qui désire obtenir une déclaration d'inconstitutionnalité doit donner un avis au Procureur général de la province ou du fédéral (selon qu'il s'agit d'une loi provinciale ou fédérale), qui pourrait intervenir. Cette exigence assure l'équité du contrôle de constitutionnalité et l'intérêt public.

Un deuxième aspect de la retenue judiciaire veut que les tribunaux refusent de se prononcer sur des questions constitutionnelles devenues théoriques. La Cour suprême exige que la partie qui désire contester la constitutionnalité d'une loi le fasse normalement dans le cadre d'un contexte factuel, en mettant en preuve des faits en litige précis. Un troisième aspect de la retenue judiciaire fait en sorte que les tribunaux ne se prononcent pas sur les questions constitutionnelles valablement soulevées si le litige peut être réglé sur une autre base. S'ils doivent se prononcer sur la constitutionnalité, ils ne le feront que dans la mesure nécessaire, pour solutionner le conflit ou pour répondre à la question.

III. *Le contrôle judiciaire de la constitutionalité des lois*

En principe, les arguments ou les motifs d'inconstitutionnalité se plaident par et au niveau de toute procédure, à l'encontre de toute procédure ou action fondée sur un texte législatif inconstitutionnel ou prise devant un tribunal incompétent d'un point de vue constitutionnel, et cela sans limite de temps. Ils se plaident devant l'instance même chargée d'entendre la procédure ou l'action pour autant que cette instance en soit une et fasse partie des tribunaux de la Province.

a. *La détermination de la constitutionnalité des lois*

Dans la pratique, il est possible de classer les sources de litiges entre le Parlement fédéral et les législatures provinciales selon qu'ils résultent du partage des compétences ou d'un conflit entre deux lois, par ailleurs, valides.

• Invalidité résultant du partage des compétences

Une loi est valide du point de vue du partage des compétences lorsqu'elle est à l'intérieur des pouvoirs (*intra vires*) du Parlement qui l'a adoptée. Elle est invalide ou *ultra vires* dans le cas contraire. L'invalidité qui résulte du partage des compétences est une des principales formes d'inconstitutionnalité qui peuvent se présenter au Canada.

Les tribunaux ont pour rôle de déclarer invalide toute règle de droit incompatible avec la Constitution. Pour arriver à une déclaration d'inconstitutionnalité, les juges doivent qualifier la loi, c'est-à-dire classifier la loi selon son "caractère véritable". Cette étape permet au juge de déterminer à quel ordre de gouvernement une loi appartient. Pour déterminer le caractère véritable de la loi, les tribunaux en recherchent le sens à l'aide des règles ordinaires d'interprétation et de la preuve intrinsèque. Il peut arriver qu'à l'étape de la caractérisation, une loi présente un "double aspect", c'est-à-dire un aspect provincial et un aspect fédéral. Dans ce cas, la validité de la loi est préservée. À titre d'exemple, les provinces et le fédéral ont adopté des mesures visant à combattre la conduite en état d'ébriété, les premières au titre de leur compétence sur la conduite automobile et le deuxième dans le cadre de sa compétence sur le droit criminel. Dans l'exercice de leurs compétences législatives respectives, les législatures peuvent accessoirement empiéter sur les compétences de l'autre ordre de gouvernement sans que la validité de leur loi ne soit menacée.

Une déclaration d'inconstitutionnalité entraîne la nullité de la législation qui ne respecte pas le partage des compétences. Parfois, pour éviter un vide juridique à la suite d'une déclaration d'inconstitutionnalité, la Cour peut ordonner la suspension de l'invalidité pendant un délai minimum requis pour pallier à l'inconstitutionnalité.

- Incompatibilité d'une loi par ailleurs valide résultant d'un conflit avec une autre loi également valide de l'autre ordre de gouvernement

Lorsqu'on parle d'incompatibilité entre une loi provinciale et une loi fédérale, il faut présumer que ces deux lois ont été validement adoptées par les deux ordres de gouvernement dans le cadre de leurs pouvoirs législatifs respectifs. La difficulté réside plutôt dans le fait que ces deux lois ne peuvent trouver application simultanément, dans la mesure où il serait impossible de se conformer aux prescriptions des deux textes. Dans ce cas, la loi fédérale est prépondérante; elle prime sur toute législation provinciale également valide mais incompatible avec elle. Ce principe de la prépondérance n'est pas inscrit dans la Constitution mais a plutôt été développé par la jurisprudence. Cette prépondérance (fédérale) est prévue explicitement dans les quelques champs de compétence attribués concurremment aux deux ordres de gouvernement par le texte constitutionnel; c'est le cas de l'agriculture et de l'immigration, de l'exportation de ressources naturelles non renouvelables et des ressources forestières de la province, la production d'énergie électrique. La prépondérance des compétences législatives provinciales est prévue en matière de pensions de vieillesse. Une loi incompatible n'est pas nulle et sans effet, elle est plutôt inopérante, c'est-à-dire qu'elle n'a pas d'effet seulement dans la mesure de son incompatibilité et tant que subsiste le conflit.

b. *La décision judiciaire*

En vertu du principe de l'indépendance judiciaire, le juge doit être libre de toute contrainte ou entrave ou pression quand vient le temps de délibérer et de rendre jugement. Les décisions sont rendues par écrit et reflètent les positions majoritaires et dissidentes, s'il y a lieu. Les questions constitutionnelles se décident au cas par cas et la décision n'a d'effet qu'entre les parties au litige.

Les arrêts rendus par les Cours de justice sont des précédents judiciaires. Comme notre pays est de tradition britannique, donc de *common law*, dans le domaine du droit public, nos Cours pratiquent ce que l'on appelle la règle du *stare decisis* qui signifie d'abord que les Cours canadiennes appelées à juger un litige de *common law* sont liées par les décisions de la Cour suprême et par les décisions des autres Cours habiles à entendre un appel de leurs décisions. En deuxième lieu, la règle du *stare decisis* signifie qu'en pratique les tribunaux se considèrent liés par leurs propres décisions.

Même si le rôle des tribunaux en est un, d'interprétation seulement, l'accumulation de précédents au même effet peut être à l'origine d'une modification d'une mesure législative et même de la Constitution. À l'inverse, une déclaration d'inconstitutionnalité d'une loi peut être contrée par le constituant. Ainsi, a-t-on modifiée la Constitution en 1950 pour attribuer au Parlement fédéral la compétence législative sur l'assurance-chômage, après que le Comité judiciaire du Conseil Privé (alors tribunal de dernière instance pour le Canada) eût décidé qu'il s'agissait d'un pouvoir provincial (par analogie avec l'assurance). Plus récemment, lors du rapatriement de la Constitution en 1982, une modification au partage des compétences a été apportée de façon à accroître les compétences provinciales sur les ressources naturelles. Cette modification constitutionnelle allait à l'encontre de deux décisions de la Cour suprême ayant interprétée étroitement le pouvoir des provinces en matière de taxation, de production et de fixation des prix des ressources naturelles.

Conclusion

As we have seen, there are many indications that the framers of the B.N.A. Act planned a strong central government. However, the subsequent development of case law, conventions and practice has virtually eliminated the elements of provincial subordination in the Constitution. Today, it is clear that Canada has a federal Constitution that is less centralised than that of either the United States or Australia.[2]

Since Confederation, Canadian Courts have assumed and exercised the power to hold laws and acts to be invalid for inconsistency with the Constitution. Until the adoption of the Charter in 1982, the provisions of the Constitution that yield most of the invalidating inconsistencies were the provisions that distribute legislative powers between the federal Parliament and the provincial Legislatures. The Charter brought an expansion of judicial review and today, Charter cases are much more numerous than federalism cases.

There are some limitations to judicial review. The judges upon whom the large task of judicial review rests are not suited to the policy-making which is inevitably involved. Their mandate to make decisions differs from that of other public officials in that judges are not accountable to any electorate or to any government for their decisions; on the contrary, they occupy a uniquely protected place in the system of government, which is designed to guarantee their independence from political or other influences. Their background is not

2. Hogg, p.5-16

broadly representative of the population. The resources available to the judges are limited by the practice and procedure of an Anglo-Canadian Court: they are obliged to decide cases on the basis of the limited information presented to them in Court; they have no power to enact a law in substitution for one declared invalid.

Criticism of the Courts has sometimes led to suggestions that we take away from them the task of judicial review. Obviously, some other and better way of resolving federalism disputes than judicial review has to be found. As alternatives to judicial review, it is already true in Canada that federal-provincial conferences of various kinds now settle many of the problems of divided jurisdiction which would otherwise reach the courts. This tendency could be consummated by a constitutional amendment removing federalism disputes from the jurisdiction of the Courts and remitting them or solution to direct negotiations between the interested governments. But some are of the view that the danger of this proposal is that it might leave minority regional and cultural interests, and civil liberties, insufficiently protected from the acts of powerful majorities.

A quite different proposal for reform involves the establishment outside the ordinary courts of a specialised tribunal for constitutional disputes, which could include non-lawyers as well as lawyers, and which could be consciously composed so as to reflect different cultural and regional interests within Canada. A less radical but similar proposal is to divide the Supreme Court of Canada into specialised divisions, a common law division, a civil law division and a constitutional law division; each division would be composed in such a way as to ensure maximum expertise in its own field of law, the constitutional division reflecting the different regional and cultural interests within the country. But specialists think that a specially-composed constitutional court -or division would probably become an activist tribunal, assuming the role of giving positive direction to our constitutional law. They suggest that the better posture of a court in federalism cases should be one of restraint, endeavouring as far as possible to uphold the laws enacted by the elected legislative bodies. Moreover, specialists state that it is very difficult, and probably unwise, to isolate constitutional issues for determination by a special court or division, when they usually arise in practice in a factual setting which also raises issues of statutory interpretation, common law and (in Quebec) civil law.[3] On the whole, there is much to be said in favour of the present system of judicial review by a court of general appellate jurisdiction.

In Canada, there is what can be called a co-operative federalism. The essence of co-operative federalism is a network of relationships between the executives of the central and regional governments. Through these relationships mechanisms

3. Hogg, p. 5-29, 5-30.

are developed, especially fiscal mechanisms, which allow a continuous redistribution of powers and resources without recourse to the courts or the amending process. These relationships are also the means by which consultations occur on the many issues of interest to both federal and provincial governments. The area where co-operative federalism has been most dominant is in the federal-provincial financial arrangements. Changes in the financial arrangements have naturally altered the balance of powers within the federation. Yet the federal-provincial financial arrangements since the second world war have been worked out by the executives of the various governments, at first almost at the dictation of the federal government, latterly by intergovernmental negotiation leading to genuine agreements. Federal-provincial financial relations have had enormous impact on the distribution of power within Canada. Federal intervention has secured nation-wide plans of health, education and welfare, matters within provincial jurisdiction. These arrangements are of course the fruits of co-operation between governments, and they in turn require that intergovernmental relations continue so that they can be maintained and adapted. Most intergovernmental relationships depend upon informal arrangements which have no foundation in the Constitution, or in statutes, or in conventions of parliamentary government. The most visible and important of these arrangements are the "first ministers conferences" which are federal-provincial conferences of the provincial Premiers and the federal Prime Minister. It is at these conferences that the federal-provincial relationships are settled. In a responsible government, when the first ministers meet, they bring together the totality of executive power and legislative power.

BELGIQUE

M. Michel MELCHIOR
Président de la Cour d'arbitrage de Belgique
Professeur à l'Université de Liège

I.   La définition des termes

1.   Jusqu'en 1970, la Belgique constituait un Etat unitaire, centralisé. Le pouvoir législatif était unique, composé du Roi, de la Chambre des Représentants et du Sénat.

Le début des années soixante-dix vit la création d'entités politiques nouvelles dotées, dans la sphère de leurs compétences, du pouvoir législatif : les Communautés culturelles néerlandaise et française. Disposant chacune d'une assemblée parlementaire propre, le Conseil culturel, elles étaient dépourvues d'Exécutif, celui-ci continuant à être exercé par le Gouvernement national.

Les Conseils culturels étaient composés des sénateurs et des membres de la Chambre des représentants appartenant aux groupes linguistiques correspondants. A l'image d'une poupée russe, le parlementaire national était à la fois conseiller culturel de l'une ou de l'autre Communauté, selon le groupe linguistique auquel il appartenait au niveau national. En 1974, il reçut aussi – tout provisoirement – la qualité de conseiller régional, les Régions étant toutefois à cette époque privée du droit d'adopter des lois.

2.   Lors de la confection du budget de 1975, il apparut qu'un nombre important de matières pouvaient être considérées sous différents angles et relever, selon les cas, de la compétence nationale, communautaire ou régionale. Il en allait ainsi notamment pour les crèches et les garderies, pour l'inspection médicale scolaire, pour le contrôle médico-sportif, pour l'Oeuvre nationale de l'enfance, pour les centres de consultation matrimoniale et familiale ainsi que pour l'information en matière de contraception.

Le Constituant avait prévu en 1970 un transfert – en fait très limité[1] – de compétences en matière d'enseignement de l'Etat vers les Communautés culturelles. Comment convenait-il de considérer désormais l'inspection médicale scolaire ? S'il s'agissait d'une matière liée à l'enseignement, elle relevait de la compétence exclusive des Conseils culturels. Par contre, si l'on

---

1. La compétence en matière d'enseignement fut transférée aux Communautés dans les faits, sous trois exceptions – obligation scolaire, conditions minimales de délivrance des diplômes, pensions –, lors de la révision constitutionnelle du 15 juillet 1988.

mettait l'accent sur la santé publique, l'inspection médicale scolaire continuait de ressortir à la compétence du législateur national.

Le Gouvernement trancha, le 28 février 1975.

Les crédits aux centres de consultation matrimoniale et familiale furent régionalisés, l'information en matière de contraception, l'inspection médicale scolaire et le contrôle médico-sportif furent attribués aux Communautés culturelles tandis que le Gouvernement déclara nationaux les crédits relatifs aux crèches et aux garderies ainsi que ceux destinés à l'Oeuvre nationale de l'enfance[2].

L'absence d'un organe juridictionnel compétent pour trancher les litiges entres les diverses composantes de l'Etat s'était pleinement fait ressentir.

3.   Aussi n'est-il pas étonnant d'avoir vue envisagée la création d'une juridiction destinée à départager, à arbitrer, les différents législateurs lorsqu'il fut question d'approfondir la décentralisation du pouvoir législatif. C'est ce qu'il advint en 1980.

Telle est l'origine de la Cour d'arbitrage de Belgique, qui a gardé le nom de sa fonction chronologiquement première, même si ses compétences se sont ultérieurement élargies au contrôle du respect d'autres dispositions que celles qui répartissent les compétences entre les différents législateurs.

4.   Aujourd'hui, à côté de l'Etat fédéral, il y a, en Belgique, les Communautés et les Régions. Les Communautés sont au nombre de trois : la Communauté française, la Communauté flamande et la Communauté germanophone. Elles sont principalement compétentes en matière culturelle et en matière "personnalisable", ce néologisme désignant les matières liées aux personnes, tels les soins de santé à domicile, les crèches, la politique des handicapés, le troisième âge. Les Régions sont également au nombre de trois : la Région wallonne, la Région flamande et la Région de Bruxelles-Capitale. Les Régions sont principalement, mais non exclusivement, compétentes en matière économique et sociale.

5.   Les compétences des Communautés se trouvent énoncées dans la Constitution même. Vu la diversité de ces compétences, elles se trouvent précisées dans une loi, laquelle n'est cependant pas une loi ordinaire, mais une loi "spéciale".

---

2. Voy. Ph. Quertainmont, "La controverse de la 'culturalisation' ou de la 'régionalisation' des crédits budgétaires ", *Res Publica*, 1976, pp. 623-643.

La loi spéciale est en Belgique une loi adoptée dans des conditions de majorités renforcées. Pour son adoption, elle suppose que, dans chacune des Chambres fédérales, la majorité des membres de chaque groupe linguistique se trouve présente, que la loi recueille la majorité au sein de chacun de ces deux groupes linguistiques, l'ensemble des votes positifs émis atteignant au moins les deux tiers du total des suffrages exprimés. Il s'agit donc d'une loi qui nécessite, pour son adoption, des conditions de présences et de votes particulièrement contraignantes. Par son adoption – mais non par son contenu[3] – elle s'apparente aux lois constitutionnelles italiennes et françaises.

Ainsi, l'article 127, § 1er, de la Constitution dispose :

"Les Conseils de la Communauté française et de la Communauté flamande, chacun pour ce qui le concerne, règlent par décret :

1° les matières culturelles ;"
L'article 4 de la loi spéciale du 8 août 1980 de réformes institutionnelles précise :

"Les matières culturelles visées à l'article (127, § 1er), 1°, de la Constitution sont :

1°   la défense et l'illustration de la langue ;
2°   l'encouragement à la formation des chercheurs ;
3°   les beaux-arts ;
4°   le patrimoine culturel, les musées et autres institutions scientifiques culturelle à l'exception des monuments et des sites ;
5°   les bibliothèques, discothèques et services similaires ;
6°   la radiodiffusion et la télévision, à l'exception de communications du gouvernement fédéral ;
6°   *bis* le soutien à la presse écrite ;
7°   la politique de la jeunesse ;
8°   l'éducation permanente et l'animation culturelle ;
9°   l'éducation physique, les sports et la vie en plein air ;
10°   les loisirs et le tourisme ;
11°   la formation préscolaire dans les prégardiennats ;
12°   la formation postscolaire et parascolaire ;
13°   la formation artistique ;
14°   la formation intellectuelle, morale et sociale ;
15°   la promotion sociale ;
16°   la reconversion et le recyclage professionnels à l'exception des règles relatives à l'intervention dans les dépenses inhérentes à la sélection, la

---

3. La loi "spéciale " est dans la hiérarchie des normes en dessous de la Constitution. La Cour d'arbitrage se reconnaît le droit de la contrôler.

formation professionnelle et la réinstallation du personnel recruté par un employeur en vue de la création d'une entreprise, de l'extension ou de la reconversion de son entreprise".

La Constitution renvoie au législateur spécial pour ce qui est de la détermination des compétences régionales[4].

Le législateur spécial a procédé par attribution de "blocs de compétence", mais ceux-ci sont loin d'être toujours homogènes, telle et telle matière faisant pourtant partie logiquement d'un bloc en étant expressément exclue par la loi spéciale. Il arrive qu'une même matière appartienne à la compétence de l'Etat fédéral, de la Communauté ou de la Région, selon l'aspect envisagé. Ainsi les programmes de remise au travail des chômeurs relèvent-ils de la compétence régionale, la formation intellectuelle, morale et sociale appartient-elle à la compétence communautaire tandis que l'indemnisation des chômeurs revient à l'Etat fédéral.

6. Les compétences des Communautés et des Régions sont donc toutes des compétences attribuées. Les compétences non attribuées appartiennent présentement au pouvoir fédéral[5].

Les lois communautaires et les lois régionales portent en Belgique le nom de "décret", à l'exception des lois de la Région de Bruxelles-Capitale qui sont appelées "ordonnances". Selon l'article 19, § 2, de la loi spéciale du 8 août 1980 de réformes institutionnelles, "Le décret a force de loi. Il peut abroger, compléter, modifier ou remplacer les dispositions légales en vigueur". Dans la sphère de leurs compétences, la loi, le décret et l'ordonnance ont la même force juridique. Dans la hiérarchie des normes, la loi fédérale, la loi communautaire et la loi régionale se trouvent au même niveau. Pour une matière, il n'y a qu'un seul législateur compétent : celui désigné par la Constitution ou la loi spéciale.

7. Aux termes de l'article 17 de la loi spéciale du 8 août 1980, "le pouvoir décrétal s'exerce collectivement par le Conseil et le Gouvernement". Les conseils régionaux sont composés de membres élus au suffrage universel en cette qualité. Les membres du Conseil régional wallon et une partie des membres du Conseil régional de la Région de Bruxelles-Capitale forment le Conseil de la Communauté française tandis que les membres du Conseil régional flamand et une partie des membres du Conseil régional de la Région de Bruxelles-Capitale forment le Conseil de la Communauté flamande. Chaque Communauté, chaque Région dispose d'un Gouvernement qui lui est propre. Il

---

4. Const., article 39.
5. Voy. Const., article 35.

fait les règlements nécessaires pour l'exécution des décrets, sans pouvoir jamais ni suspendre les décrets eux-mêmes ni dispenser de leur exécution[6].

8.   La loi spéciale du 8 août 1980 ne s'applique pas à la Communauté germanophone. Le nombre restreint de la population de langue allemande (65.000 habitants) a justifié l'adoption d'une loi particulière, la loi du 31 décembre 1983 de réformes institutionnelles pour la Communauté germanophone. De même, la Région de Bruxelles-Capitale n'est pas traitée par la loi spéciale du 8 août 1980 de réformes institutionnelles et fait l'objet d'une loi distincte : la loi spéciale du 12 janvier 1989 relative aux institutions bruxelloises. Chacune de ces deux lois – celle organique de la Communauté germanophone et celle concernant la Région de Bruxelles-Capitale – opère cependant des renvois fréquents à la loi spéciale du 8 août 1980. Dans nombre de leurs chapitres, elles recourent à la technique de la législation *per relationem*.

9.   Ni les Communautés ni les Régions ne disposent d'une Constitution ou d'un statut qu'elles pourraient modifier. Ceci ne signifie pas que les Communautés et les Régions, du moins les Communautés française et néerlandaise ainsi que les Régions wallonne et flamande, ne bénéficient pas d'une certaine "autonomie constitutive". L'article 118, § 1er, de la Constitution donne compétence à la loi spéciale de régler la composition et le fonctionnement des organes communautaires et régionaux. Le deuxième paragraphe du même article autorise le législateur spécial à permettre, relativement aux matières qu'il énumère, de déroger à ce que la loi spéciale prévoit. Concernant le fonctionnement et l'organisation des Communautés et des Régions, la réglementation contenue dans la loi spéciale du 8 août 1980 peut donc être modifiée sur certains points par ces entités politiques, chacune pour ce qui la concerne. Ainsi, la loi spéciale du 8 août 1980 de réformes institutionnelles prévoit-elle que les conseils peuvent modifier le nombre de leurs membres fixé par cette même loi spéciale[7], édicter des incompatibilités complémentaires à celles qu'elle contient[8] et modifier le nombre des ministres composant leur Gouvernement[9].

10.   Un contrôle de constitutionnalité préventif est exercé par le Conseil d'Etat, section de législation. Ce contrôle est tantôt obligatoire, tantôt facultatif : dans certains cas l'auteur d'une loi doit y recourir, dans d'autres cas, il n'y est pas obligé.

---

6. Loi spéciale du 8 août 1980 de réformes institutionnelles, article 20.

7. Loi spéciale du 8 août 1980 de réformes institutionnelles, article 24.

8. Loi spéciale du 8 août 1980 de réformes institutionnelles, article 24*bis*, § 3.

9. Loi spéciale du 8 août 1980 de réformes institutionnelles, article 63, § 4.

Sous une exception, l'avis n'est jamais contraignant en ce sens que s'il conclut à l'inconstitutionnalité, l'auteur de la demande fait de l'avis ce que bon lui semble. Il le suit ou il ne le suit pas. Toutefois – et c'est là l'exception au caractère non contraignant de l'avis – lorsque le Conseil d'Etat arrive à la conclusion que le texte qui lui est soumis méconnaît les règles qui répartissent les compétences entre l'Etat, les Communautés et les Régions, le texte est envoyé au Comité de concertation. La saisine de ce Comité, qui comprend des représentants de l'Etat fédéral, des Communautés et des Régions, suspend la procédure parlementaire pendant les quarante jours dont le Comité dispose pour donner un avis motivé sur la question de savoir s'il y a ou s'il n'y a pas violation des règles qui répartissent les compétences. Ce Comité délibère de la même manière que le Conseil des ministres, c'est-à-dire selon "la règle du consensus". En fait, la règle du consensus suppose l'unanimité ou, à tout le moins, l'absence d'opposition décidée. En cas de consensus, le Comité de concertation propose au Gouvernement concerné de déposer des amendements qui lèvent, à son avis, l'obstacle constitutionnel. L'intervention du Comité de concertation dans le contrôle préventif de la constitutionnalité envisagée sous le seul angle du respect des règles répartitrices de compétences entre l'Etat, les Communautés et les Régions n'est cependant pas la mission première du Comité de concertation. De façon générale, le Comité de concertation intervient principalement en matière de conflit d'intérêts entre les différentes composantes de l'Etat. Delpérée et Depré font remarquer à juste titre qu'il est étrange que l'on ait fait intervenir cet organe politique dans la procédure de prévention des conflits de compétence[10].

Il importe de souligner que le contrôle de constitutionnalité exercé *a priori* est totalement indépendant du contrôle *a posteriori* effectué par la Cour d'arbitrage. Il n'a aucune influence sur celui-ci.

II.   Comment se noue le procès ?

11.   En matière de répartition des compétences législatives, la Cour d'arbitrage peut être saisie dès qu'il est allégué, dans un recours en annulation ou dans une question préjudicielle, qu'il y a un empiétement d'un législateur sur les compétences d'un autre législateur. Le conflit peut se situer au niveau de la compétence de l'Etat fédéral, comme à celui des Communautés et des Régions. Le plus fréquemment, il intervient relativement à la compétence matérielle, mais il peut également avoir pour objet la compétence territoriale.

12.   L'article 2 de la loi spéciale du 6 janvier 1989 sur la Cour d'arbitrage, pris en application de l'article 142, alinéa 3, de la Constitution prévoit qu'un recours direct peut être exercé par trois catégories de requérant. La Cour peut

---

10. F. Delpérée et S. Depré, *Le système constitutionnel de la Belgique*, Bruxelles, Larcier, 1998, n°478, p. 315.

être saisie par le Conseil des ministres ou par le Gouvernement d'une Communauté ou d'une Région. Elle peut l'être également par une personne de droit privé ou de droit public, laquelle doit cependant justifier d'un intérêt. Elle peut l'être enfin par les présidents des Assemblées législatives agissant à la demande de deux tiers de leurs membres.

Alors que les personnes doivent justifier d'un intérêt pour postuler l'annulation d'une loi ou d'un décret, tel n'est pas le cas pour les autorités. Leur intérêt est, en réalité, irréfragablement présumé par le Constituant. Les autorités mentionnées dans la loi spéciale organique de la Cour d'arbitrage ont un intérêt à voir la Constitution et les règles répartitrices de compétences respectées par les différents législateurs : les autorités peuvent former un recours, même si la norme en cause leur est totalement étrangère.

L'intérêt du requérant, personne physique ou morale, suppose un lien direct entre la norme attaquée et le requérant, cette norme ayant une répercussion défavorable sur lui.

13. Le délai pour saisir la Cour est de six mois à partir de la publication de la norme législative au *Moniteur belge*[11], qui est le journal officiel de la Belgique. Le délai est réduit à soixante jours lorsque le recours est dirigé contre la loi ou le décret portant assentiment à un traité international[12].

14. La Cour d'arbitrage dispose d'un délai de six mois, prorogeable deux fois, soit d'un délai total de dix-huit mois[13] pour rendre son arrêt. Le délai prend cours à partir de la saisine et non de la mise en état ou de la prise en délibéré. La Cour d'arbitrage est la seule juridiction belge à devoir rendre son arrêt dans un délai courant à partir de la saisine. Quoiqu'il ait été souligné à diverses reprises, au cours des travaux préparatoires, qu'il ne s'agit là que d'un délai d'ordre, la Cour a, jusqu'à présent, toujours respecté ce délai, sauf dans des cas très particuliers, comme lorsqu'elle a elle-même saisi à titre préjudiciel la Cour de justice des Communautés européennes.

15. Selon la jurisprudence du Conseil d'Etat, le requérant devant la Haute juridiction administrative ne doit pas seulement justifier d'un intérêt au recours, il doit également établir son "intérêt au moyen". Celui-ci suppose que le bien-fondé reconnu du moyen procure un avantage au requérant.

La Cour d'arbitrage ne demande pas au requérant de prouver son intérêt aux moyens qu'il développe devant elle[14]. Une telle exigence reviendrait à le priver

---

11. Loi spéciale du 6 janvier 1989 sur la Cour d'arbitrage, article 3, § 1er.

12. Loi spéciale du 6 janvier 1989 sur la Cour d'arbitrage, article. 3, § 2.

13. Loi spéciale du 6 janvier 1989 sur la Cour d'arbitrage, article 109.

14. C.A. n° 31/91 du 7 novembre 1991, 3.B.3.

du droit de demander l'annulation des lois et des décrets pour cause de méconnaissance des règles répartitrices de compétences, puisque l'annulation fondée sur un tel moyen est totalement étrangère à l'adoption, par le législateur compétent, d'une norme législative favorable au requérant. Demander à une personne physique ou morale de justifier de son intérêt au moyen reviendrait à la priver du droit de demander l'annulation d'une loi pour cause de méconnaissance des règles qui répartissent les compétences entre l'Etat, les Communautés et les Régions, privation que ni la Constitution ni la loi spéciale du 6 janvier 1989 sur la Cour d'arbitrage ne formule. Si le requérant doit justifier son intérêt à voir la loi annulée, il ne doit cependant pas justifier de l'intérêt aux moyens qu'il articule. La règle, justifiée par les moyens pris de la violation des règles répartitrices de compétences, s'étend à tous les moyens, quels qu'ils soient, soumis à la Cour.

16.   Le recours en annulation reconnu fondé emporte l'annulation *erga omnes* de la norme attaquée. L'annulation est rétroactive. Toutefois, la Cour, "si elle l'estime nécessaire", peut tempérer cette rétroactivité. Sa loi organique l'autorise en effet à maintenir par voie de disposition générale, en tout ou en partie, les effets des normes annulées, soit définitivement, soit pour le temps qu'elle détermine[15].

17.   La Cour d'arbitrage peut également être saisie de façon indirecte, par une juridiction. La constitutionnalité de la loi ou du décret mise en doute devant le juge *a quo* peut ne concerner que le respect, par les différents législateurs, des règles répartitrices de compétence entre l'Etat fédéral, les Communautés et les Régions. Dans ce cas, le juge interrogera la Cour sur la compétence du législateur qui a adopté la norme litigieuse. En cas de réponse qui déclare la norme sur laquelle la Cour est interrogée comme émanant d'un législateur incompétent, la loi ou le décret ne sera pas appliqué.

18.   La norme jugée, à l'occasion d'une question préjudicielle, non conforme aux règles répartitrices de compétences entre l'Etat fédéral, les Communautés et les Régions, ne disparaît pas de l'ordre juridique juridique par la seule constatation de l'empiètement de compétences. Elle continue à faire partie du droit positif.

19.   L'arrêt de la Cour rendu sur question préjudicielle ne peut être qualifié purement et simplement d'arrêt bénéficiant d'une "autorité relative". Certains de ses effets dépassent en effet une telle autorité. Aussi la doctrine a-t-elle proposé de désigner l'autorité de cet arrêt d'" autorité relative renforcée".

Il en est ainsi pour trois raisons.

---

15. Loi spéciale du 6 janvier 1989 sur la Cour d'arbitrage, article 8.

Tout d'abord, l'arrêt préjudiciel ne lie pas seulement le juge qui a interrogé la Cour. Il s'impose avec la même rigueur à tout autre juge qui serait amené à connaître ultérieurement de la même affaire[16].

En second lieu, tout juge, autre que la Cour de cassation ou que le Conseil d'Etat, peut se dispenser d'interroger la Cour lorsqu'il est confronté à une question à laquelle la Cour a répondu, pour autant qu'il se conforme à l'arrêt de la Cour[17].

Enfin, l'arrêt constatant, à l'occasion d'une question préjudicielle, l'inconstitutionnalité d'une norme législative autorise le Conseil des ministres ainsi que les Gouvernements des Communautés et des Régions à demander l'annulation de cette norme dans les six mois de la notification de l'arrêt. En d'autres termes, l'arrêt déclarant qu'une norme méconnaît les règles répartitrices de compétences ouvre un nouveau délai de six mois aux Exécutifs[18] pour demander l'annulation de ladite norme.

III.   Comment se déroule le procès ?

20.   Le contrôle de la constitutionnalité de la loi ou du décret, en ce qu'elle a trait à la répartition des compétences législatives, s'effectue en confrontant les normes contestées à la Constitution et aux lois spéciales répartitrices de compétences, ainsi que nous l'avons vu plus haut[19].

21.   Selon la jurisprudence de la Cour d'arbitrage, l'attribution de compétences faite aux Communautés et aux Régions porte sur l'ensemble de la compétence ainsi conférée : "Il faut considérer, dit la Cour d'arbitrage, que le Constituant et le législateur spécial, dans la mesure où ils n'en disposent pas autrement, ont attribué aux Communautés et aux Régions toute la compétence d'édicter les règles propres aux matières qui leur ont été transférées et ce, sans préjudice de leurs recours, au besoin, à l'article 10 de la loi spéciale du 8 août 1980"[20].

Il s'agit là, en vérité, d'une règle qui gouverne l'attribution de compétences réalisée par le Constituant et le législateur spécial. Elle n'est donc pas inhérente au déroulement du procès, même si c'est sous ce chapitre que nous la traitons pour des raisons liées au plan proposé. Il en va de même en ce qui concerne les compétences implicites.

---

16. Loi spéciale du 6 janvier 1989 sur la Cour d'arbitrage, article 28.

17. Loi spéciale du 6 janvier 1989 sur la Cour d'arbitrage, article 26, § 2, alinéa 3, 1°.

18. Mais non aux présidents des Assemblées législatives. *A fortiori* les personnes publiques ou privées ne bénéficient-elles pas de ce nouveau délai.

19. *Supra*, n° 5.

20. Jurisprudence constante.

22.   L'article 10 de la loi spéciale du 8 août 1980 de réformes institutionnelles dispose que "les décrets peuvent porter des dispositions de droit relatives à des matières pour lesquelles les Conseils ne sont pas compétents, dans la mesure où ces dispositions sont nécessaires à l'exercice de leur compétence".

Cet article autorise expressément les Communautés et les Régions à recourir à la théorie dite des "compétences implicites". Pour que ces compétences implicites puissent trouver à s'appliquer, il faut, selon la jurisprudence constante de la Cour, que la réglementation adoptée soit nécessaire à l'exercice des compétences de la Communauté ou de la Région, que la matière se prête à un régime différencié et, enfin, que l'incidence des dispositions en cause sur cette matière ne soit que marginale. Ce n'est que moyennant la réunion de ces trois conditions que la Communauté ou la Région peut "empiéter" sur les compétences de l'Etat fédéral.

La loi spéciale du 8 août 1980 de réformes institutionnelles attribue à la compétence des Régions "la protection et la conservation de la nature (...)"[21] ainsi que "les forêts"[22]. La circulation routière relève, quant à elle, de la compétence fédérale en vertu du principe selon lequel tout ce qui n'a pas été attribué aux Communautés et aux Régions demeure de sa compétence[23]. Le 16 février 1995, la Région wallonne adopta un décret "modifiant le Code forestier par des dispositions particulières à la Région wallonne en ce qui concerne la circulation du public dans les bois et forêts en général". Selon les promoteurs du décret, il s'agissait de mettre fin à la mode des randonnées de tout-terrains à quatre ou à deux roues qui, depuis quelque temps, abîmaient la flore et la faune de la forêt wallonne. Aussi le décret prenait-il des mesures concernant la circulation en forêt, à l'exception toutefois de la circulation sur les routes disposant d'au moins deux bandes de circulation, lesquelles étaient expressément exclues du champ d'application du décret.

L'annulation de ce décret fut demandée à la Cour par une association organisatrice de rallyes et par deux personnes physiques adeptes de randonnées à moto en forêt. A l'appui de leur recours, elles firent valoir que la circulation routière était demeurée de la compétence du législateur fédéral.

Dans son arrêt du 28 novembre 1996[24], la Cour jugea qu'" un décret qui de façon générale, a pour objet de protéger l'écosystème forestier, notamment en

---

21. Loi spéciale du 8 août 1980 de réformes institutionnelles, article 6, § 1er, III, 2°.

22. Loi spéciale du 8 août 1980 de réformes institutionnelles, article 6, § 1er, III, 4°.

23. L'élaboration de règles de police générale est toutefois soumise à une procédure d'association entre le Gouvernement fédéral et les autres Gouvernements (loi spéciale du 8 août 1980 de réformes institutionnelles, article 6, § 4).

24. C.A. n° 68/96 du 28 novembre 1996.

interdisant l'accès aux bois et forêts en dehors des routes, chemins et sentiers qui les desservent et en modulant l'usage de ces voiries en fonction de la perturbation qu'apporte à cet écosystème chacun des modes de locomotion utilisés, s'inscrit dans le cadre de la compétence régionale en matière de forêts ainsi qu'en matière de protection et de conservation de la nature".

Après avoir rappelé que l'attribution de compétence emportait, comme nous venons de le mentionner[25], le droit d'édicter toute les règles relatives à la compétence transférée, la Cour constata que la police de la circulation routière ne pouvait être considérée comme englobée *in se* dans les compétences régionales. Elle releva toutefois que les dispositions attaquées répondaient à chacune des conditions prévues pour constituer des "compétences implicites". En conséquence, elle rejeta le recours.

23.   L'arrêt est motivé[26]. Il ne contient pas et ne pourrait contenir d'opinion dissidente[27].

24.   Divers moyens peuvent être pris pour étayer un recours en annulation, différents griefs peuvent être formulés à l'occasion d'un recours incident.

Ces moyens et griefs peuvent être de nature diverse.

Ainsi lorsqu'un moyen critique un excès de compétence matérielle et un autre moyen un excès de compétence territoriale, la Cour examine en premier lieu le moyen portant sur la compétence matérielle. En effet, le défaut de compétence matérielle rend la norme universellement non conforme à la Constitution. Après un constat d'incompétence matérielle, point n'est besoin d'examiner la compétence territoriale[28].

De même, l'examen du moyen pris de la méconnaissance des règles répartitrices de compétences a la priorité sur les moyens pris de la violation des autres dispositions constitutionnelles dont la Cour assure le respect[29]. Il est en

---

25. *Supra*, n° 19.

26. Loi spéciale du 6 janvier 1989 sur la Cour d'arbitrage, article 111.

27. La loi spéciale du 6 janvier 1989 sur la Cour d'arbitrage porte, en son article 108, que "les délibérations de la Cour sont secrètes ".

28. La Cour a constaté la priorité de l'examen de la compétence matérielle sur la compétence territoriale dans son arrrêt n° 4/98 du 21 janvier 1998. D'une interprétation littérale des termes utilisés à cette occasion, elle semble avoir limité ce constat au cas d'espèce qui lui était soumis. C'est peut-être un excès de prudence qui l'a amenée à s'exprimer de la sorte.

29. C.A. n° 31/92 du 23 avril 1992, 4. B ; C.A. n° 64/92 du 15 octobre 1992, 2.B ; C.A. n° 35/95 du 25 avril 1995, B.5 ; C.A. n° 72/95 du 9 novembre 1995, B.8 ; C.A. n° 29/96 du 15 mai 1996, B.2; C.A. n° 70/96 du 11 décembre 1996, B.3 ; C.A. n° 34/97 du 12 juin 1997, B.5 ; C.A. n° 42/97 du 14 juillet 1997, B.7.5 ; C.A. n° 81/97 du 13 décembre 1997, B.3 ; C.A. n° 4/98 du 21 janvier 1998, B.1 ; C.A. n° 11/98 du 11 février 1998, B.15 ; C.A. n° 64/98 du 10 juin 1998, B.4.2 ; C.A. n° 29/99 du 3 mars 1999, B.3.1 ; C.A. n° 53/99 du 26 mai 1999,

effet inutile de rechercher si telle ou telle disposition législative viole ou non un principe énoncé dans un article constitutionnel s'il est établi que le législateur n'était de toute façon pas compétent pour prendre la loi ou le décret soumis à la censure de la Cour.

25. Pour résoudre certains conflits de compétences, la Cour s'est parfois appuyée sur des principes non expressément formulés par la Constitution ou par la loi spéciale.

Dans son arrêt n°47/87 du 25 février 1987, la Cour a constaté que "l'exercice par une Communauté ou une Région de la compétence fiscale propre qui lui a été attribuée ne peut toutefois porter atteinte aux limites qui sont inhérentes à la conception globale de l'Etat qui se dégage des révisions constitutionnelles de 1970 et de 1980 et des lois spéciale et ordinaire de réformes institutionnelles des 8 et 9 août 1980. Il ressort de l'ensemble de ces textes (...) que la nouvelle structure de l'Etat belge repose sur une union économique et monétaire (...). L'existence d'une union économique implique au premier chef la libre circulation des marchandises et des facteurs de production entre les composantes de l'Etat. En ce qui concerne les échanges de biens, ne sont pas compatibles avec une union économique les mesures établies de façon autonome par les composantes de l'union – en l'espèce les Régions – qui entravent la libre circulation ; ceci s'applique nécessairement à tous droits de douane intérieurs et à toutes taxes d'effet équivalent"[30] Sur ce motif, la Cour a annulé les articles du décret de la Région wallonne du 7 octobre 1985 sur la protection des eaux de surface contre la pollution qui établissaient en fait un droit de douane intérieur frappant l'exportation de l'eau.

Depuis sa modification, intervenue par la loi spéciale du 8 août 1988, la loi spéciale du 8 août 1980 de réformes institutionnelles contient un alinéa ainsi conçu :" En matière économique, les Régions exercent leurs compétences dans le respect des principes de la libre circulation des personnes, biens, services et capitaux et de la liberté de commerce et d'industrie, ainsi que dans le respect du cadre normatif général de l'union économique et de l'unité monétaire, tel qu'il est établi par ou en vertu de la loi, et par ou en vertu des traités internationaux"[31]

B.4 ; C.A. n° 110/99 du 14 octobre 1999, B.6 ; C.A. n° 28/2000 du 21 mars 2000, B.5 ; C.A. n° 52/2000 (S) du 3 mai 2000, B.4.3 ; C.A. n° 62/2000 du 30 mai 2000, B.3 ; C.A. n° 74/2000 (S) du 14 juin 2000, B.4.3 ; C.A. n° 86/2000 du 5 juillet 2000, B.8.2 ; C.A. 65/2001 du 17 mai 2001, B.3 ; C.A. n° 100/2001 du 13 juillet 2001, B.7.2 ; C.A. n° 109/2001 du 13 juillet 2001, B.3.2.

30. C.A. n° 47/87 du 25 février 1987, 6.B.4.

31. Loi spéciale du 8 août 1980 de réformes institutionnelles, article 6, § 1er, 5°, 2°, deuxième alinéa.

La Cour fait une large application de cette disposition qu'elle ne limite pas à la seule compétence économique.

26.   Le contrôle des règles répartitrices de compétences qui a été l'unique mission que la Cour d'arbitrage a connue jusqu'en 1989, ne constitue plus aujourd'hui la majorité du contentieux qu'elle tranche. Cette fonction continue cependant à être pour elle une tâche importante, que ce soit sur le plan qualitatif ou sur le plan quantitatif.

UNITED KINGDOM

Lord HOPE OF CRAIGHEAD
Member of the Privy Council

Introduction

Thinking about constitutional law in the United Kingdom has until quite recently been dominated by three essential characteristics of our law. These characteristics have made it difficult for lawyers from this jurisdiction to participate in debates with constitutional lawyers from other countries. First, the United Kingdom has no written constitution. It was created in 1707 by a treaty which is known as the Treaty of Union between the Kingdoms of England and Scotland, and the treaty did not provide for one. A revolution against the powers of an absolute monarchy had already taken place in the 17th Century. The checks and balances which resulted from it are the product of conventions, or understandings, which are always adhered to but are not written down. Secondly, legislation enacted by the Parliament at Westminster is protected from judicial review by the principle known as Parliamentary sovereignty. The principle that the last word lies with Parliament was one of the products of the revolution in the 17th Century, and it still is the foundation of our democracy. And thirdly, as there is no written constitution and as Parliament enjoys absolute sovereignty over the legislation which it enacts, there is no constitutional court.

This arrangement worked reasonably well so long as all legislative and executive power was concentrated centrally at Westminster. England, Wales, Scotland and Northern Ireland each had their own characteristics and their own separate identities. But there was no possibility of conflict between central government and the regions, as the regions did not enjoy legislative or executive power. Local government in England was administered centrally by the executive. Responsibility for the administration of Wales, Scotland and Northern Ireland was delegated to separate government departments by the executive, but each of these departments was presided over by a central government minister. Under this system the ministers for each region had power to enact laws affecting that region by means of secondary legislation in the exercise of powers delegated to them by Parliament. But all primary legislation for each of these regions and legislation on all matters of government policy affecting them was dealt with centrally by the United Kingdom Parliament at Westminster. A system of administrative law had been developed under which allegations of abuse of power by the executive could be brought under judicial review in the courts. But conflicts of the kind appropriate for decision by a constitutional court were unknown. Sovereign legislative power continued to reside with United Kingdom Parliament, and the executive for all parts of the United Kingdom was formed by the political party which commanded a majority in that Parliament.

The situation which I have just described began to change on 1 January 1973 when the United Kingdom become a member state of the European Communities. Article 5 of the EC Treaty (now article 10 EC) provides that member states of the European Union must take all appropriate measures, whether general or particular, to ensure fulfilment of the obligations arising under the Treaty or resulting from action taken by the institutions of the Community. Legislation was enacted by Parliament to the effect that Community law was to be applied and enforced as part of the law of the United Kingdom: European Communities Act 1972, section 2(1). An alleged failure by a member state to perform its obligations under Community law may be brought before the Court of Justice of the European Communities. If the Court finds that the member state has failed to fulfil its obligations, the State is required to take the necessary measures to comply with its judgment: article 171 of the EC Treaty (now article 228 EC). So the last word in matters of Community law resides with the Court of Justice, not with Parliament at Westminster.

But the position was changed much more fundamentally by two initiatives which were taken following the election in 1997 of the present Labour government under Tony Blair. The first was the devolution of legislative and executive power to Scotland, Wales and Northern Ireland. This has resulted in the setting up of elected, representative assemblies in Wales and Northern Ireland and of an elected, representative Scottish Parliament. The second was the enactment of the Human Rights Act 1998, which for the first time incorporated the European Convention for the Protection of Human Rights and Fundamental Freedoms into our domestic law.

The structure of the system for devolving legislative and executive power to Scotland, Wales and Northern Ireland falls well short of establishing a federal structure within the United Kingdom. The coverage is incomplete as, to date, the process of devolution has not been extended to the regions in England. But it does give those parts of the United Kingdom to which power has been devolved real political decision-making powers. It also takes full account of the United Kingdom's obligations under the Convention and its treaty obligations as a member state of the European Union.

The United Kingdom Parliament at Westminster continues to adhere to the principle of Parliamentary sovereignty. But the legislation which it has enacted for the setting up of the new legislative bodies and executives ("the devolved institutions") in Scotland, Wales and Northern Ireland does not extend the same principle to them. On the contrary, it restricts the legislative and executive competence of those institutions in three principal respects. These restrictions lie at the heart of the new arrangements. For example, a legislative or executive act is outside the competence of the devolved institutions which have been created for Scotland by the Scotland Act 1998 if

(1)   it is incompatible with Community law (the Community law restriction);

(2)   it is incompatible with any of the Convention rights (the Human Rights restriction); and

(3)   it relates to matters which have been reserved by the relevant legislation to the United Kingdom Parliament at Westminster (the Division of Powers restriction).

There are three other restrictions of lesser importance, including one which confines legislative and executive competence to the territory of Scotland and another which protects various enactments affecting Scotland from modification, amendment or repeal by the Scottish Parliament.

The effect of these provisions, which have their counterparts in the Government of Wales Act 1998 and the Northern Ireland Act 1998, is that the devolved institutions cannot legally do anything that is outside their competence. The legality of the exercise of their functions is open to judicial scrutiny. The judicial body to which the process of scrutiny has been entrusted is the Judicial Committee of the Privy Council. The Judicial Committee has a wide jurisdiction which includes handling appeals from superior courts in various parts of the Commonwealth. For devolution purposes its membership is restricted to the Lords of Appeal in Ordinary, who sit as judges in the House of Lords, and to other members of the Privy Council who hold or have held high judicial office in the United Kingdom: Scotland Act 1998, section 103(2). It now acts, in effect, as a constitutional court in devolution cases.

The answers which I shall give to the questionnaire relate therefore to the jurisdiction which the devolution legislation has given in these cases to the Judicial Committee. To simplify matters I shall refer throughout to the devolution legislation which relates to Scotland. The devolution legislation relating to Wales and Northern Ireland is contained in the Government of Wales Act 1998 and the Northern Ireland Act 1998. It is similar in many respects to that for Scotland, but the Welsh Assembly has not been given power to enact any primary legislation.

I.   Definition of terms

1.   *Division of powers and responsibilities*

(a)   The distribution of legislative and executive powers between central government and the devolved institutions for Scotland is laid down in the Scotland Act 1998. This is a United Kingdom statute enacted by the United Kingdom Parliament at Westminster, to which the principle of Parliamentary sovereignty applies. The power of the United Kingdom Parliament to make laws for Scotland is unaffected by the devolution of legislative power to the Scottish Parliament: section 28(7).

(b)   The Scotland Act 1998 is widely seen as having achieved a constitutional settlement for Scotland. In practice, although not in name, it has provided Scotland with a constitution under which all aspects of the devolved government must be conducted.

(c)   The effect of the devolution legislation is to grant subsidiary power to the devolved institutions in Scotland. It does so by listing by reference to subject-matter all the matters which have been reserved to central government, and by providing that it is outside the competence of the devolved institutions to exercise legislative or executive power in relation to any of the reserved matters: Scotland Act 1998, Schedule 5; sections 29(1), 54(1) and 57(2). In Part I of the list there are a number of general restrictions, including various aspects of the constitution of the United Kingdom such as the Union of the Kingdoms of Scotland and England. In Part II there is a long list of specific reservations ranging from financial, economic and monetary policy to the regulation of activities in outer space.

2.   *Type of legislative power*

(a)   The legislative power which has been granted to the Scottish Parliament is autonomous. It has power to make laws, which are known as Acts of the Scottish Parliament, without reference to the United Kingdom Parliament at Westminster: Scotland Act 1998, section 28(1). Its legislation is subordinate legislation in the sense that the only legislative powers which the Scottish Parliament can exercise are those which have been given to it by the United Kingdom Parliament. But the intention is that it should be able to enact primary legislation within the limits of its competence.

(b)   See answer (a). The Scottish Parliament has power to delegate legislative power to a member of the Scottish Executive, to a Scottish public authority or to any other person (not being a central government minister) in matters which are within its devolved competence: Scotland Act 1998, section 104.

3. *Methods for resolving conflicts*

(a)   Four methods have been laid down in the Scotland Act 1998 to prevent conflict between central government and the Scottish Parliament:

i.   A member of the Scottish Executive in charge of a Bill must state, on or before its introduction in the Scottish Parliament, that in his view its provisions would be within the legislative competence of the Parliament: section 31(1).

ii.   The Presiding Officer of the Parliament, must decide, on or before the introduction of the Bill, whether or not in his view its provisions would be within the legislative competence of the Parliament; section 31(2).

iii.   The question whether a Bill or any provision of a Bill would be within the legislative competence of the Parliament may be referred to the Judicial Committee of the Privy Council for its decision before the Bill is submitted for Royal Assent by the Presiding Officer: section 33.

iv.   If a Bill contains provisions which a central government minister has reasonable grounds to believe would be incompatible with any international obligations or the interests of defence or national security, or which make modifications of the law relating to reserved matters which he has reasonable grounds to believe would have an adverse operation on the law as it applies to reserved matters, the minister may make an order prohibiting the Presiding Officer from submitting the Bill for Royal Assent: section 35.

Where the third method is used, the Judicial Committee may be asked to interpret a provision in the list of reserved matters in Schedule 5 to the Act, as the effect of the list is to distribute legislative power between the United Kingdom Parliament and the Scottish Parliament. Power to refer such questions to the Judicial Committee has been given to the following law officers: (a) the Advocate General for Scotland, who is the central government minister with responsibility for legal matters dealt with centrally which affect Scotland; (b) the Lord Advocate, who is a member of the Scottish Executive; and (c) the Attorney General, who is a central government minister with responsibility for legal matters which affect England and Wales: section 33(1). The form which a decision of the Judicial Committee is expected to take is to pronounce a judgment which answers the question which has been referred to it and sets out the reasons for the decision to answer the question in that way. The Presiding Officer cannot submit a Bill for Royal Assent without amendment if it has been referred to the Judicial Committee and the Judicial Committee decides that the Bill or any provision in it is not within the legislative competence of the Parliament: section 32(3).

(b)   The Scotland Act 1998 does not lay down any non-judicial methods of conflict resolution. But a series of informal agreements, known as protocols, have been entered into between central government and the Scottish Executive with a view to reducing potential areas of conflict about the distribution of power between them: see the Memorandum of Understanding and Supplementary Agreements between the UK Government, Scottish Ministers, the Cabinet of the National Assembly of Wales and the Northern Ireland Executive Committee (Cm 5240); *Three Years On: The Role of the Advocate General for Scotland,* 2002 SLT (News) 139, 142. These agreements have no binding force, but they provide a practical guide in these matters to members of the Scottish Executive and to ministers in the central government. The intention is to eliminate so far as possible the need for a section 33 reference. Considerable importance is attached to the use of these agreements in practice, and they have proved to be very effective in minimising the risk of conflict.

(c)   The judicial methods of conflict resolution which are laid down in Schedule 6 to the Scotland Act 1998 are designed to enable the courts to determine questions as to whether legislative acts of the Scottish Parliament or executive acts by members of the Scottish Executive are within their competence. These questions, which are defined in para 1 of Schedule 6 and are referred to as "devolution issues", may be determined by the courts in a variety of ways:

i.   Separate provision is made in Schedule 6 to the Act for the taking of proceedings for the determination of these issues in Scotland, England and Wales and Northern Ireland, as each of these three parts of the United Kingdom has its own legal system. The following is a brief description of the provisions in Part II of the Schedule relating to Scotland.

ii.   Proceedings for the determination of a devolution issue may be instituted in the Scottish courts by the Advocate General, who is a central government minister, or by the Lord Advocate, who is a member of the Scottish Executive: para 4.

iii.   Devolution issues may also arise in the course of proceedings before any Scottish court or tribunal, in which event both the Advocate General and the Lord Advocate must be informed to enable them to intervene in those proceedings if they wish; para 5.

iv.   The determination of a devolution issue by a Scottish court of first instance or by a tribunal is subject to appeal to the superior courts in Scotland in the normal way. Provision has also been made for the reference of a devolution issue which has arisen in a Scottish court of first instance or a tribunal for determination by a superior court in Scotland: paras 7-9.

v.   An appeal against the determination of a devolution issue by a superior court in Scotland lies in the last instance to the Judicial Committee of the Privy Council. Provision has also been made for a reference of a devolution issue by a superior court in Scotland for determination by the Judicial Committee: paras 10-13.

In addition to these provisions, which enable devolution issues to be determined by the ordinary courts and tribunals in Scotland subject to a final appeal to the Judicial Committee of the Privy Council, there are several others which enable these issues to be brought before the Judicial Committee for its determination:

i.   The Judicial Committee is the final court of appeal for the determination of devolution issues which have arisen in England and Wales and Northern Ireland: Part III, paras 22-23; Part IV, paras 30-31.

ii. The Lord Advocate, the Advocate General, the Attorney General (who is a central government minister) and the Attorney General for Northern Ireland may require any court or tribunal in each of the three jurisdictions of the United Kingdom to refer any devolution issue which has arisen in proceedings to which he is a party to the Judicial Committee: Part V, para 33.

iii. The Lord Advocate, the Advocate General, the Attorney General and the Attorney General for Northern Ireland may also refer to the Judicial Committee any devolution issue which is not already the subject of proceedings: Part V, para 34.

Any decision of the Judicial Committee in proceedings under the Scotland Act must be stated in open court, and it is binding in all legal proceedings other than proceedings before the Committee itself: section 103(1).

II.   How do proceedings arise?

We do not yet have any experience of conflicts between central government and the devolved institutions in legislative or executive matters. The new system is of very recent origin. The Scotland Act 1998 came into force in May 1999, and the Scottish Parliament sat for the first time to conduct business as a legislature in September of that year. Furthermore, the political compositions of the central government and of the Scottish Executive are sufficiently close not to have given rise so far to any such conflicts. It is however possible to provide the following brief answers to these questions.

1.   (a) National legislation cannot give rise to a conflict of a kind that would result in proceedings in the Judicial Committee. Legislation by the United Kingdom Parliament at Westminster, whose power to make laws for Scotland is unaffected by the Scotland Act 1998, is protected by the principle of sovereignty.

(b) On the other hand, local legislation would do so if it were to encroach upon national powers and responsibilities, as these powers and responsibilities are reserved matters for the purposes of the Division of Powers restriction. The Scottish Parliament would in that event be acting outside its legislative competence: see the Division of Powers restriction in section 29(2). A dispute as to whether there was such an encroachment would give rise to a devolution issue within the meaning of para 1 of Schedule 6.

(c)   European regulations are a potential source of conflict only to the extent that there may be doubt as to whether the matter with which they deal is or is not a reserved matter. International relations, including relations with the European Communities, is a reserved matter, as are many of the matters which are of concern to the EU such as employment, social security and trade and industry. Scots private law and Scots criminal law on the other hand are not, except to the extent that they relate to reserved matters: section 29(4).

2.   (a) The system for the division of powers in executive matters between central government and the Scottish Executive which the Scotland Act 1998 lays down devolves power to the Scottish Executive. The devolved power is restricted, because the Scottish Executive has no executive power in regard to the reserved matters. The system does not restrict in any way the powers of central government. In practice central government does not concern itself with matters that have been devolved to the Scottish Executive. But it is not bound by any rules of law to this effect. So the only regulatory measures that could give rise to the type of conflict that would be capable of resolution by the Judicial Committee are those taken by the Scottish Executive.

(b)   For the same reasons, the only decisions or substantive acts that could give rise to a conflict of a kind that would be capable of being resolved judicially are those taken or done by the Scottish Executive. Decisions or acts of central government are not capable of review under the Scotland Act 1998.

3.   (a) A right of referral is given to the central government law officers and the law officer of the Scottish Executive: see answer I. 3 (c) above. The Judicial Committee has laid down the procedure for the making of these references, but no references have yet been made to it. References may also be made to the Judicial Committee by the superior courts of the part of the United Kingdom in which the issue has been raised: paras 10-11, 22-23 and 30-31 of Schedule 6. The judicial committee is also an appellate court, as an appeal lies to it from decisions of the superior courts under paras 12-13, 23 and 31 of Schedule 6.

(b)   There is a time limit within which a section 33 reference to the Judicial Committee may be made of the question whether a Bill or any provision of a Bill is within the legislative competence of the Scottish Parliament. It must be made within the period of four weeks beginning with the passing of the Bill, or any subsequent approval of the Bill after it has been reconsidered following a previous reference: section 33(2). There is no time limit for the reference by the superior courts or the law officers of a devolution issue, such as the question whether an Act of the Scottish Parliament was within its legislative competence, to the Judicial Committee under Schedule 6. The ordinary time limits apply to appeals.

(c) There are no time limits within which the Judicial Committee must give its decision on references or appeals. When a section 33 reference is made the Presiding Officer of the Scottish Parliament cannot submit the Bill for Royal Assent until the reference has been decided or otherwise disposed of by the Judicial Committee.

4.   (a) It is unlikely that arguments about procedural defects will be relied upon by the applicants, unless defects in procedure were to raise issues about incompatibility with Community law or the Convention rights. The question for the Judicial Committee will always be whether the legislative or executive act was within the competence of the Scottish Parliament or the Scottish Executive, which is a question of substance.

(b) Arguments about substantial defects in disputes between central government and the devolved institutions are likely to be directed to the three restrictions on legislative and executive competence (the Community law restriction, the Human Rights restriction and the Division of Powers restriction): see sections 29(1), 54(1) and 57(2).

III.   How are proceedings conducted?

Here again lack of experience restricts our ability to provide answers to these questions. But the following answers can be given:

1.   (a) The entire system for the devolution of legislative and executive power to the devolved institutions in Scotland is laid down in the Scotland Act 1998. In the event of a dispute between central government and the devolved institutions, it will be on the provisions of the Act that the arguments for each side will rely.

(b)   The principles which the Judicial Committee will apply where issues arise as to whether a legislative or executive act is incompatible with Community law or with any of the Convention rights are those which are already established in Community law and Human Rights law. The Judicial Committee has not yet had an opportunity to consider the principles which it will apply in order to determine questions as to whether or not a given issue is incompatible with the Division of Powers restriction because it is, or it affects, a reserved matter.

(c) Central government has power to intervene where the minister has reasonable grounds to believe that a Bill before the Scottish Parliament would be incompatible with any international obligations or the interests of defence or national security by making an order prohibiting the Presiding Officer from submitting the Bill for Royal Assent: section 35(1). The Scotland Act 1998 does not provide for any appeal to the Judicial Committee against the making of such an order. But it would be open to judicial review in on administrative law grounds in the Court of Session, from whose decision an appeal would lie in the last instance to the House of Lords.

2.   The practice in all appellate courts in the United Kingdom, including the Judicial Committee of the Privy Council, is for judges who dissent to deliver separate opinions and for those opinions to be made public.

3.   If the Judicial Committee were to decide that a legislative or executive act was outside competence, the effect of its decision would be to set that act aside. This result is inevitable, as the devolved institutions have no power to do anything which is outside their competence. This could give rise to problems where things have been done or left undone in reliance upon the validity of the measure which has been set aside. For this reason the court or tribunal which decides that an Act of the Scottish Parliament was not within its competence, or that a member of the Scottish Executive did not have power to make, confirm or approve a provision of subordinate legislation, has been given power by the Scotland Act 1998 to make an order removing or limiting any retrospective effect of that decision or suspending the effect of its decision for any period and on conditions to allow the defect which has given rise to the lack of competence to be corrected: section 102(2).

IV.   How is the outcome of proceedings received?

Lack of experience permits only these tentative answers to these questions:

1.   The Scotland Act 1998 provides that any decision of the Judicial Committee is binding in all legal proceedings, other than proceedings before the Committee: section 103(1). The reservation which this provision contains avoids binding the Judicial Committee to a strict application of the *stare decisis* rule. With that exception, its decisions are binding on the central state and the devolved authorities and they must be followed and applied by all inferior courts and tribunals.

2.   It is not possible for us to provide an answer to this question.

3.   To date, none. Nine devolution cases have been heard by the Judicial Committee since the Scotland Act 1998 came into force: three in 2000, five in 2001 and 1 in the first six months of 2002. All of these cases have come to the

Judicial Committee on appeal from the Scottish courts by or against private individuals. There have been no references. In all but one of these cases the allegation was that an act of the public prosecutor, as a member of the Scottish Executive, was beyond his competence on the ground that his act was incompatible with the accused's Convention rights. In the remaining case it was alleged that an Act of the Scottish Parliament was beyond the legislative competence of the Parliament on the ground that the legislation was incompatible with the appellants' Convention rights. None of these cases involved any dispute between the devolved institutions and central government.

ESPAGNE

M. Guillermo JIMÉNEZ SÁNCHEZ
Juge au Tribunal constitutionnel

1. Introduction: la singularite de l'etat des autonomies

1.1. *L'Etat des autonomies n'est pas un Etat fédéral*

Le modèle d'État incorporé dans la Constitution de 1978 ne peut être qualifié comme un État fédéral quant à ses caractéristiques structurelles, même si la doctrine scientifique a fait remarquer que, de fait, il fonctionne comme tel en bien des aspects.

Dans ce sens, il y a diverses caractéristiques qui indiquent que l'État des autonomies, malgré son important degré de décentralisation politique, ne répond pas au modèle fédéral. Il suffit, étant donné les limites de cet exposé, de noter ce qui suit :

a) En accord avec l'article 1.2 de la Constitution espagnole (Cst.), "la souveraineté réside dans le peuple espagnol, dont émanent les pouvoirs de l'État". Il résulte de cette déclaration sans équivoque que l'État des autonomies ne se constitue pas comme le résultat d'un accord entre des entités souveraines, selon ce que postule en principe la doctrine fédérale, dans la mesure où la reconnaissance et la garantie du "droit à l'autonomie des nationalités et des régions" se fonde "sur l'unité indissoluble de la nation espagnole" (article 2 Cst.).

b) Des trois pouvoirs classiques (exécutif, législatif et judiciaire), deux seulement, l'exécutif et le législatif, s'organisent en accord avec la reconnaissance du double pouvoir politique de l'État dans un sens strict d'une part, et des Communautés autonomes d'autre part, mais il n'en va pas de même en ce qui concerne le pouvoir judiciaire, car "le principe d'unité juridictionnelle est la base de l'organisation et du fonctionnement des tribunaux" (article 117.5 Cst.).

c) La réforme constitutionnelle ne peut provenir que des Cortes générales (article 167 et 168 Cst.), c'est-à-dire des représentants de la nation espagnole, sans intervention des corps électoraux des communautés autonomes ni de leurs Parlements respectifs.

d) Le Sénat ne se constitue pas comme une simple Chambre de représentation des territoires des communautés autonomes, car sa composition intègre, dans un système mixte particulier, des sénateurs provenant d'élections populaires dans des circonscriptions provinciales et des sénateurs désignés par les Parlements des communautés autonomes.

e)   Enfin, on doit faire remarquer qu'on ne peut considérer qu'il y ait un "fédéralisme fiscal". Le système fiscale est, essentiellement, étatique, avec quelques particularités fiscales propres au Pays basque et à la Navarre liées aux "droits historiques" de ces Communautés.

1.2. L'organisation territoriale du pouvoir dans l'Etat des autonomies

Pour analyser l'organisation territoriale du pouvoir dans l'État des autonomies, on doit prendre en considération les éléments suivants :

a)   La structure territoriale du pouvoir: L'article 137 Cst. dispose que "L'État dans son organisation territoriale se compose de communes, de provinces et des communautés autonomes qui peuvent se constituer. Toutes ces entités jouissent de l'autonomie dans la gestion de leurs intérêts respectifs".

Cette disposition se réfère, donc, au pouvoir local et au pouvoir des communautés autonomes, qui, en même temps que le pouvoir de l'État au sens strict, chargé de veiller sur la réalisation effective du principe de solidarité et de l'équilibre économique de l'ensemble (article 38 Cst.), forment les trois niveaux territoriaux du pouvoir politique.

b)   Les compétences des entités territoriales : les compétences de l'État et des Communautés autonomes sont reprises dans le "bloc de constitutionnalité" (formé par la Constitution, les Statuts d'autonomie et les Lois organiques qui délimitent certaines compétences). Pourtant, les entités locales n'ont pas, dans la Constitution, une liste concrète de compétences reconnues, mais seulement la garantie nécessaire de leur autonomie dans l'abstrait. Leur reconnaissance concrète doit être réalisée par les lois de l'État et des Communautés autonomes dans leurs domaines respectifs de compétence (article 2 et 25 de la Loi 7/1985, réglementant les bases du régime local).

c)   Règles de distribution de compétences entre l'État et les Communautés autonomes : le système comprend une double liste de matières, l'une d'elles (article 149.1 Cst.) contient la liste de celles qui appartiennent à l'État et l'autre (article 148 Cst.) inclut les compétences que peuvent assumer les Communautés autonomes. Il semble opportun d'apporter maintenant des précisions. D'abord, la liste de l'article 148 n'est pas impérative, mais optionnelle, de telle manière qu'elle établit un principe dispositif, c'est-à-dire, la possibilité qu'ont les Communautés autonomes de déterminer librement les compétences qu'elles veulent assumer. Ensuite, le texte constitutionnel a inclus dans le principe dispositif une double option (l'exposé de ces conditions requises nécessiterait davantage de développements) en vertu de laquelle quelques Communautés autonomes peuvent choisir uniquement les compétences qu'elles assument parmi celles citées à l'article 148 Cst., alors que d'autres Communautés peuvent assumer des compétences allant plus loin que les marges fixées dans cette liste, bien que limitées aux compétences qui appartiennent en exclusivité à l'Etat en vertu des dispositions de l'article 149.1 Cst. Aujourd'hui, alors qu'ont passé plus de cinq ans depuis l'approbation des derniers statuts d'autonomie des Communautés qui ont déterminé leurs compétences dans le cadre de l'article 148 Cst., ces entités autonomes ont pu réformer leurs statuts et dépasser ce cadre, en se plaçant au même niveau (du moins, insistons, de façon potentielle) que les autres Communautés.

De la sorte, il y a actuellement 17 Communautés autonomes en Espagne avec un niveau de compétences très semblable, sauf quelques particularités, qui caractérisent quelques Communautés particulières (c'est le cas du Pays basque, de la Catalogne ou de la Navarre) et qui viennent de ce qu'elles possèdent une langue propre, un système fiscal spécifique ou une police autonome.

Les Communautés autonomes, toutes les Communautés autonomes, ont un Gouvernement et un Parlement propres, mais non un pouvoir judiciaire, vu que celui-ci, comme nous l'avons indiqué, est unique pour tout l'État.

Il existe aussi deux Villes autonomes (Ceuta et Melilla), qui jouissent d'un degré d'auto-administration considérable, bien qu'elles n'aient pas de pouvoir législatif.

d)   Unité du système de distribution de compétences, garanti à travers les mécanismes suivants :

•   L'article 149.3 Cst. contient trois clauses ayant une importance spéciale : celle de "fermeture" du système, celle du caractère supplétif du droit de l'Etat central et celle de prévalence.

•   En vertu de la première, les compétences ne figurant pas dans les statuts des Communautés autonomes appartiennent à l'État. La seconde permet que le droit de l'Etat remplisse les lacunes des systèmes juridiques des Communautés autonomes. La troisième, sans doute de moindre importance que les deux autres, fait prévaloir le droit de l'État sur le droit des Communautés autonomes dans les matières relevant des compétences des deux niveaux de pouvoir (pour être clair, seulement en ce qui concerne "la culture" : article 149.2 Cst.).

•   L'article 150.3 Cst. permet à l'État d'édicter les lois d'"harmonisation" des normes des Communautés autonomes.

•   L'article 155 Cst. prévoit une procédure exceptionnelle de substitution de l'État à l'intervention des communautés autonomes lorsque ces dernières ne remplissent pas les obligations imposées par la Constitution ou les lois.

e)   Souplesse du système, suivant le contenu de deux dispositions (article 150, paragraphes 1 et 2) qui permettent aux Communautés autonomes d'exercer des compétences en matière d'attributions de l'Etat (s'il en était ainsi par effet de l'application des lois de base ou des lois organiques de transfert ou de délégation).

f)   Conclusion: l'État dispose, selon notre exposé, et en plus des compétences typiques des Etats fédéraux (relations extérieures, défense, monnaie, etc.) d'un ample pouvoir de direction de toute l'activité économique dans ses différents secteurs (article 149.1 13ᵉ Cst.) et de différents domaines (santé, environnement, etc.), en même temps que d'une compétence exclusive sur la législation du commerce et du travail et dans une grande mesure, – sous réserve du phénomène des "droits foraux" –, sur la législation civile. Dans ce cadre, garantie de l'unité, les Communautés autonomes disposent d'une très grande marge pour légiférer et exercer, naturellement, la fonction d'application des lois des Etats et des leurs propres et le pouvoir réglementaire correspondant.

2.   Les conflits entre le systeme juridique etatique et les systemes juridiques des communautes autonomes

Il est propre et consubstantiel aux États dits "composés", dans lesquels le pouvoir politique se répartit entre différentes instances dotées de pouvoirs législatifs, que surgissent des conflits entre le système juridique de l'État et les systèmes juridiques de ces instances.

Dans le cas de l'Espagne, ces conflits entre les systèmes juridiques existent, effectivement, et c'est le Tribunal constitutionnel, organe constitutionnel et interprète suprême de la Constitution, qui est chargé de donner une solution à ces conflits entre systèmes juridiques. Le Tribunal constitutionnel est chargé, en accord avec la Constitution et de la loi organique qui le réglemente, du contrôle de la constitutionnalité, qui se reflète dans l'exercice d'une activité juridictionnelle au sens strict, mais différente de celle que réalisent les tribunaux de justice et qui se diversifie en procédures de portée et de nature différentes. Ici, nous traiterons des modalités de gestion des conflits suivantes :

a)   Le recours en inconstitutionnalité.
b)   Le conflit de compétences, dans sa double modalité de conflit positif ou négatif.
c)   Le conflit de défense de l'autonomie locale.

3. Le recours en inconstitutionnalite

3.1. *Objet*

Le recours en inconstitutionnalité est l'instrument procédural par lequel est effectué le contrôle abstrait de la constitutionnalité des lois de l'État des autonomies et, dès lors, des lois approuvées par les *Cortes* générales ou par les parlements des Communautés autonomes.

Ce contrôle abstrait de la constitutionnalité des lois se différencie radicalement du contrôle concret de constitutionnalité, qui est celui qu'effectuent les juges lorsque, à l'occasion de la décision de cas concrets soumis à leur juridiction, ils apprécient la possibilité d'une inconstitutionnalité des dispositions légales qu'ils considèrent applicables aux cas soumis à leur jugement et lorsque, avant de rendre un jugement, ils s'adressent au Tribunal constitutionnel et que posent les questions de constitutionnalité sur les points qui ont été soulevés.

3.2. *Légitimation*

Sont légitimés pour former le recours en inconstitutionnalité (Articles 161.2 Cst. et 32 LOTC (Loi organique sur le Tribunal constitutionnel) :

a)   Le Président du Gouvernement.
b)   Le médiateur.
c)   Cinquante députés ou cinquante sénateurs.
d)   Les organes exécutifs et les Parlements des Communautés autonomes.

On doit faire remarquer que le Président du Gouvernement, le médiateur et le nombre indiqué de députés ou de sénateurs peuvent recourir aussi bien contre les lois de l'Etat que contre celles des Communautés autonomes. Toutefois, la Constitution ne prévoit pas que les lois des Communautés autonomes puissent être attaquées par une institution d'une autre Communauté autonome : les organes d'une Communauté autonome ne peuvent attaquer les lois d'une autre Communauté.

3.3. *Fondements du recours*

Le recours en inconstitutionnalité peut se fonder sur l'existence d'une possible violation du texte constitutionnel. Il est intéressant de noter que parmi ces violations, doivent être spécialement prises en considération celles que les lois de l'Etat ou des Communautés autonomes peuvent entraîner en ce qui concerne les compétences qui correspondent à l'un ou l'autre niveau du pouvoir. Surgit ainsi une distinction nécessaire entre les recours en inconstitutionnalité qui ont pour base la possible violation de la répartition des compétences contenue dans la Constitution, dans les Statuts d'autonomie et dans les Lois organiques (c'est-à-dire, dans le "bloc de constitutionnalité") et les recours en inconstitutionnalité basés sur la violation de toute autre disposition constitutionnelle. Je ne parlerai pas de ces derniers dans cet exposé car ils ne supposent généralement pas de conflit entre le système juridique central et les systèmes juridiques périphériques.

En nous arrêtant aux recours en inconstitutionnalité basés sur des motifs de compétences, c'est-à-dire, sur la violation par les lois de l'État des compétences des Communautés autonomes, et vice-versa, nous nous sommes demandé d'abord si ce type de conflits devait s'encadrer dans les recours en inconstitutionnalité ou dans les conflits de compétences, figure différente, comme nous le verrons, mais avec un substrat identique, car il s'agit de cas de violation de la répartition des compétences par des normes réglementaires ou par des actes administratifs. Le Tribunal constitutionnel a clos la question dans ses arrêts 32/1983 et 49/1984 en considérant que, lorsque la violation de la répartition des compétences découlait d'une norme ayant rang de loi, il y avait lieu d'interjeter un recours en inconstitutionnalité, de même que lorsqu'on allègue la violation par la loi de toute autre disposition constitutionnelle. Avec cela, la figure du conflit de compétences s'est limitée à la violation de la répartition des compétences de la part des normes réglementaires ou des actes administratifs.

3.4.   *La suspension des lois des Communautés autonomes contre lesquelles un recours est interjeté*

Dans le cadre du processus qui commence avec la formation du recours en inconstitutionnalité, nous ne pouvons maintenant nous arrêter qu'à la considération d'une mesure préventive qui, sans doute, a une importance constitutionnelle considérable. La Constitution espagnole et la Loi organique sur le Tribunal Constitutionnel (LOTC) attribuent exclusivement au Président du Gouvernement, lors d'un recours contre une loi d'une Communauté autonome (Articles 161.2 et 30 LOTC), la possibilité de solliciter la suspension de la norme ou des normes contre lesquelles il est fait recours. La suspension demandée devra être décidée par le Tribunal constitutionnel de façon automatique s'il donne suite au recours, même si ce tribunal devra décider dans un délai maximal de cinq mois, le maintien de cette suspension ou sa levée. Cette mesure préventive, qui n'a pas de corollaire dans les recours interjetés par les Communautés autonomes face aux lois de l'Etat, car ces dernières restent en vigueur jusqu'à ce que le Tribunal décide sur le fond du recours, est révisée en vertu, exclusivement, des préjudices qui pourraient découler de son application pour l'intérêt général et pour les intérêts particuliers impliqués, ainsi que du caractère irréparable ou non qu'il faut attribuer aux préjudices en cause.

4. Le conflit positif de competences

4.1. *Objet*

Ledit conflit existe lorsqu'une disposition de rang inférieur à la loi ou un acte administratif édictés par une Communauté autonome violent, selon l'opinion du Gouvernement de la Nation, les compétences de l'État ou vice-versa.

Dans ces cas, on peut invoquer devant le Tribunal constitutionnel la possible violation de la répartition constitutionnelle des compétences afin que l'interprète suprême de la Constitution détermine auquel des deux pouvoirs revient la compétence qui est discutée.

4.2. *Sujets légitimés*

Sont légitimés pour invoquer des conflits positifs de compétence contre les normes infra-légales ou les actes des Communautés autonomes et de l'État, le Gouvernement de la Nation et les Gouvernements des Communautés autonomes.

4.3. *La requête d'incompétence*

On doit faire remarquer que pour que ce type de conflits puisse se résoudre avec le consensus des parties (c'est-à-dire sans être posé de façon formelle devant le tribunal), la LOTC prévoit, à son article 63, une sorte de procédure de conciliation préalable, consistant en la formulation d'une requête que la partie demanderesse adresse à la partie défenderesse et dans laquelle est invoquée la possible violation commise par cette dernière. Seulement, une fois cette procédure épuisée, s'ouvre la voie du recours, même si le Gouvernement de la Nation jouit du privilège procédural d'opter entre la formulation ou la non formulation de la requête préalable (Art. 62 LOTC).

Il est important de faire remarquer qu'il doit y avoir une pleine coïncidence entre l'objet de la requête préalable et celui de la demande définitive au cas où celle-ci est déposée, car le Tribunal ne se prononcera que sur les articles dans lesquels il constate cette coïncidence dans le but d'octroyer un caractère réel à la procédure préalable de conciliation.

4.4. *La suspension de la norme ou de l'acte concernés par le conflit*

Dans ce type de procès, les deux parties, le Gouvernement de la Nation ou celui des Communautés autonomes peuvent demander la suspension de la norme en vigueur ou de l'acte faisant l'objet du conflit. La suspension demandée par l'État doit être décidée par le Tribunal de façon automatique (articles 161.2 Cst. et 64.2 LOTC), alors que celui-ci décidera librement lorsque c'est la Communauté autonome qui formule la demande de suspension de la norme ou de l'acte étatique

Dans les cas où le Tribunal décide automatiquement la suspension de la norme ou de l'acte de la Communauté autonome, il devra réviser sa décision dans les cinq mois suivant la demande.

5. Le conflit negatif de competences

5.1. *Objet*

Cette procédure peut avoir lieu lorsque les administrations de l'État et des Communautés autonomes s'opposent à l'exercice d'une compétence déterminée.

5.2. *Légitimation*

Il peut y avoir deux cas de légitimation.

En premier lieu, se trouve légitimée toute personne physique ou morale qui réclame devant l'administration de l'État ou d'une Communauté autonome une intervention déterminée au cas où l'administration devant laquelle a été présentée la demande en question refuse d'agir, en prétendant que cela est du ressort d'une autre administration. Il est nécessaire de formuler devant l'autre administration la même prétention et que cette administration décline également son exercice. Après que les deux refus ont eu lieu, le conflit négatif peut être porté devant le Tribunal constitutionnel (Articles 68 et 69 de la LOTC). Il est important de faire remarquer que la jurisprudence du Tribunal constitutionnel a exigé deux conditions pour qu'il soit donné suite à ces conflits négatifs. D'une part, il faut que les deux administrations aient refusé l'exercice de l'action demandée. D'autre part, les refus de l'une et de l'autre administration doivent s'appuyer sur une différence d'interprétation de la Constitution ou des Statuts d'autonomie.

En second lieu, on doit rappeler que l'Etat peut également soulever un conflit négatif de compétences lorsque, ayant demandé à une Communauté autonome d'exercer une certaine compétence, il n'est pas entendu, car l'entité autonome se considère incompétente. (Art. 71 LOTC).

6. Le conflit en defense de l'autonomie locale

6.1. *Objet*

C'est une nouvelle procédure introduite dans la LOTC par la Loi organique 7/1999, du 21 avril, moyennant laquelle on peut attaquer devant le Tribunal constitutionnel des normes ayant rang de loi de l'Etat ou des Communautés autonomes dans le cas où elles enfreignent l'autonomie locale constitutionnellement garantie.

Comme nous l'avons déjà avancé, la Constitution garantit le principe d'autonomie des entités locales, mais elle ne détermine pas quel est le domaine exact de cette autonomie comme elle le fait avec les domaines propres d'autonomie attribués aux Communautés autonomes. C'est là une procédure constitutionnelle récente, qui n'a pas été encore l'objet d'une attention particulière dans la doctrine du Tribunal constitutionnel, bien que cinq conflits de cette nature aient déjà eu lieu ; actuellement, il a été donné suite à trois d'entre eux.

6.2. *Légitimation*

Sont légitimées pour interjeter des conflits en défense de l'autonomie locale, les communes et les provinces (départements) qui sont destinataires des lois auxquelles elles s'opposent. En outre, lorsque la municipalité ou la province ne sont pas le destinataire unique de la loi, des quorums déterminés sont exigés (article 75 ter. LOTC) (dans le cas des municipalités, au moins le septième de celles qui existent dans le cadre territorial d'application de la norme, qui représentent au moins un sixième de la population officielle ; dans le cas des provinces, au moins la moitié de celles qui existent dans le cadre territorial indiqué, qui représentent au moins la moitié de la population officielle de celui-ci).

ITALIE

M. Carlo MEZZANOTTE
Juge à la Cour constitutionnelle d'Italie

I. Les lois de l'etat et les lois regionales dans le texte constitutionnel de 1948

Le pouvoir législatif que la Constitution de 1948 a reconnu aux Régions a été considérablement étendu par les réformes récemment introduites par les lois constitutionnelles n. 1 de 1999 et n. 3 de 2001.

Le texte de 1948 était construit autour des deux principes, tous deux contenus dans l'article 5 de la Constitution, des principes fondamentaux: l'unité et l'indivisibilité de la République et la reconnaissance et le développement des autonomies.

Le principe autonomiste était développé dans le Titre V de la seconde partie de la Constitution, qui, à l'article 116, reconnaissait à certaines Régions des conditions particulières d'autonomie devant être fixées par une loi constitutionnelle, et, à l'article 117, un pouvoir législatif aux Régions ordinaires pour les seules matières qui y étaient indiquées et dans les limites des principes fondamentaux fixés par des lois de l'État et dans le respect de l'intérêt national et de celui des autres Régions (appelé pouvoir législatif concurrent). La compétence législative pour toutes les matières qui n'étaient pas réservées aux Régions était attribuée à l'Etat.

Les lois constitutionnelles qui ont approuvé les statuts spéciaux des cinq Régions à "autonomie différenciée" (Frioul-Vénétie Julienne, Sardaigne, Sicile, Trentin-Haut Adige et Vallée d'Aoste) contiennent des listes de matières pour lesquelles elles ont un pouvoir législatif exclusif, concurrent ou complémentaire et d'application. Le pouvoir législatif exclusif est soumis aux limites fixées par les statuts respectifs qui, dans des formulations en partie analogues, prévoient: le respect de la Constitution, des principes généraux de l'ordre juridique (différents des principes fondamentaux des matières qui constituent une limite au pouvoir législatif concurrent), le respect des obligations internationales et des normes fondamentales des grandes réformes économiques et sociales, ainsi que, encore, l'intérêt national et celui des autres Régions.

L'adhésion de l'Italie à la Communauté économique européenne a ensuite comporté l'introduction d'une autre limite au pouvoir législatif de toutes les Régions: le respect du droit communautaire.

Les lois régionales (à l'exclusion de la Sicile) étaient soumises au contrôle préventif de constitutionnalité et d'opportunité du Gouvernement, qui pouvait, sur la base du texte de l'article 127 de la Constitution alors en vigueur et des normes correspondantes des statuts spéciaux, renvoyer les délibérations législatives des Régions au Conseil régional, qui avait l'obligation de les approuver à nouveau à la majorité absolue; dans ce cas, le Gouvernement, dans le bref délai de quinze jours, pouvait attaquer, devant la Cour constitutionnelle, la loi approuvée à nouveau et présenter les mêmes motifs d'inconstitutionnalité que ceux invoqués dans l'acte de "renvoi". La non-conformité de la loi régionale à l'intérêt national aurait pu être dénoncée par le Gouvernement devant le Parlement, mais il n'y a jamais eu de recours de ce genre. Dans la pratique, c'est le phénomène qualifié par les juristes de "juridictionnalisation" de la limite des intérêts qui s'est produit, ce qui a eu pour conséquence que tout vice de la loi régionale a toujours été présenté devant la Cour constitutionnelle.

Il est possible d'affirmer que, dans la jurisprudence de la Cour constitutionnelle en matière régionale, la notion d'intérêt national a occupé une position centrale. Cette notion a été utilisée soit pour justifier ou réprimer le défaut de transférer aux Régions des fonctions qui pouvaient être ramenées abstraitement à l'article 117, soit pour justifier ou réprimer des lois de l'Etat qui, en matière de compétence régionale, ne se limitaient pas à fixer des principes mais allaient jusqu'à prévoir la discipline de toute la matière dans des normes de détail.

Dans la pratique, l'intérêt national a revêtu des formes diverses: parfois défini comme un intérêt insusceptible de fractionnement, parfois comme un ensemble de valeurs unitaires et qui ne peuvent être divisées, etc.

L'article 5 de la Constitution et le principe d'unité et d'indivisibilité de la République qu'il pose ont ensuite permis de fonder une fonction de l'Etat qui n'est pas explicitement prévue par la Constitution: la fonction que l'on a qualifiée de direction et de coordination, qui se manifeste par des actes qui ne sont pas législatifs mais qui ont toutefois la capacité de limiter et de conditionner non seulement l'activité administrative des Régions mais aussi leur activité législative. Il était possible, à travers la fonction gouvernementale de direction et de coordination, d'entrevoir l'intérêt national comme limite au pouvoir législatif des Régions, ce qui confirmait le rôle central de cette notion dans le système des rapports entre l'Etat et les Régions.

II. Les reformes constitutionnelles de 1999 et de 2001 et le nouveau titre v de la constitution

Lorsque les normes constitutionnelles que l'on vient d'analyser brièvement étaient en vigueur, plusieurs tentatives ont été faites pour renforcer le système des autonomies. Vers la fin des années soixante-dix, elles s'étaient matérialisées dans le décret législatif n. 616 de 1977, qui en revoyant les compétences attribuées aux Régions par l'article 117 de la Constitution et en les réinterprétant, avait prévu de nouveaux transferts de compétences administratives jusqu'alors appartenant à l'Etat.

Il faut, à ce sujet, rappeler que le système des rapports entre l'Etat et les Régions était à l'époque fondé sur le principe du parallélisme des fonctions, selon lequel les compétences administratives des Régions, aux termes du précédent article 118 de la Constitution, portaient sur les mêmes matières pour lesquelles la compétence législative était attribuée aux Régions par l'article 117. Ce qui comportait que de nouveaux transferts de compétences administratives aurait immanquablement influé sur le système des compétences législatives. Les finalités du décret législatif n. 616 de 1977 étaient de rendre organiques les compétences législatives des Régions et de dépasser le fractionnement de fonctions et de compétences qui résultait de la législation précédente. De nouveaux transferts de compétence propre et de nouvelles délégations pour l'application des lois de l'Etat sont les mécanismes qui permettaient de donner un caractère plus organique aux compétences régionales.

La demande croissante de renforcement des autonomies territoriales, qui avait déjà conduit en 1990 à la réforme des collectivités locales et ensuite à l'introduction de l'élection directe des Maires et des Présidents des Provinces, a abouti plus récemment à d'importantes lois de réforme du système des autonomies dans son ensemble: la loi d'habilitation n. 59 de 1997 et les décrets législatifs relatifs dont un, particulièrement important, le décret législatif n. 112 de 1998, fixe la nouvelle organisation des rapports entre l'Etat, les Régions, les Provinces et les Communes, en s'inspirant des principes de subsidiarité, de différenciation et d'adéquation. Le principe de la mise en valeur de formes de coopération horizontale entre les compétences législatives de l'Etat et celles des Régions et des autonomies locales (Conférence Etat-Régions, Conférence Etat-Villes et Conférence unifiée), prévues comme institutions de coordination et de possible médiation des intérêts de l'Etat et des autonomies avait, au sein des principes directifs de l'habilitation législative, une importance particulière.

Mais ce sont les lois constitutionnelles n. 1 de 1999 et n. 3 de 2001 qui ont opéré le vrai tournant. La première a, entre autre, profondément modifié la discipline constitutionnelle des statuts régionaux adoptés par chaque Région, qui peut maintenant en toute autonomie déterminer sa propre forme de gouvernement ainsi que les principes fondamentaux d'organisation et de fonctionnement de la Région: si auparavant le statut, adopté par les Conseils régionaux, était approuvé par une loi de l'Etat, il est à présent prévu qu'il soit la pleine expression d'autonomie régionale qui ne doit s'exercer qu'avec la seule limite de l'" harmonie avec la Constitution".

Le statut, soit celui des Régions à autonomie ordinaire puisque les statuts des Régions à autonomie spéciale sont des lois constitutionnelles, est approuvé et modifié par les Conseils régionaux selon une procédure aggravée, qui nécessite la majorité absolue du Conseil et deux délibérations successives à un intervalle d'au moins deux mois. Un référendum populaire peut être organisé lorsque, dans les trois mois, 1/50 des électeurs de la Région ou 1/5 des membres du Conseil régional en font la demande. La procédure de formation des statuts reprend le mécanisme que l'article 138 de la Constitution prévoit pour l'approbation des lois de révision constitutionnelle, et manifeste l'intention de faire du statut une espèce de "Constitution" de la Région située au sommet des sources législatives régionales, qui ne peut être modifiée et à laquelle on ne peut déroger par les autres lois régionales ordinaires.

La loi qui fixe le statut est soustraite au contrôle politique de l'Etat. Le Gouvernement de la République peut cependant former un recours devant la Cour constitutionnelle dans les 30 jours suivant la publication du statut, pour des motifs de constitutionnalité.

Les réformes prévues par la loi constitutionnelle n. 3 de 2001, qui concernent tout le Titre V de la seconde partie de la Constitution, intitulé "les Régions, les Provinces, les Communes", sont les plus importantes.

L'ensemble du mécanisme qui en résulte est assez complexe et se développe selon les principales lignes directrices suivantes: accroissement maximum du pouvoir législatif régional, homogénéisation des limites au pouvoir législatif étatique et régional; modification du régime des recours à l'encontre des lois régionales, de préventif en successif; abolition des contrôles gouvernementaux sur les lois régionales; rupture du parallélisme entre fonctions législatives et fonctions administratives, par l'attribution, en principe, des fonctions administratives aux communes et l'introduction des principes de subsidiarité, de différenciation et d'adéquation; renouvellement radical des finances régionales par l'attribution d'un pouvoir fiscal aux Régions.

Quant aux compétences législatives, le principe qui avait inspiré la première rédaction de l'article 117, et qui considérait la compétence législative des Régions à statut ordinaire comme une compétence spéciale dans les matières énumérées, a été inversé. Dans la nouvelle rédaction de l'article 117, c'est maintenant l'Etat, seul, qui a compétence législative dans les matières énumérées. L'Etat a compétence législative exclusive en matière de:

a)   politique étrangère et relations internationales de l'Etat; relations de l'Etat avec l'Union européenne; droit d'asile et condition juridique des citoyens des Etats qui ne font pas partie de l'Union européenne;
b)   immigration;
c)   rapports de la République et des religions;
d)   défense et Forces armées; sûreté de l'Etat; armes, munitions et explosifs;

e)   monnaie, protection de l'épargne et marchés financiers; protection de la concurrence; système monétaire; système fiscal et comptable de l'Etat; péréquation des ressources financières;

f)   organes de l'Etat et lois électorales correspondantes; référendum de l'Etat; élection du Parlement européen;

g)   ordre juridique et organisation administrative de l'Etat et des établissements publics nationaux;

h)   ordre public et sûreté, à l'exclusion de la police administrative locale;

i)   nationalité, état civil et organisation de l'état civil;

j)   juridiction et règles de procédure; système judiciaire civil et pénal; justice administrative;

k)   détermination des niveaux essentiels des prestations concernant les droits civils et sociaux qui doivent être garantis sur tout le territoire national;

l)   normes générales sur l'enseignement;

m)   prévoyance sociale;

n)   législation électorale, organe de gouvernement et fonctions fondamentales des Communes, Provinces et Villes métropolitaines;

o)   douanes, protection des frontières nationales et prophylaxie internationale;

p)   poids, mesures et fixation du temps; coordination de l'information statistique et informatique des données de l'administration de l'Etat, régionale et locale; oeuvres de l'esprit;

q)   protection de l'environnement, de l'écosystème et des biens culturels.

Sont au contraire matières de compétence concurrente, dans lesquelles le pouvoir législatif se répartit selon un schéma très proche de celui en vigueur précédemment (la détermination des principes fondamentaux est réservée en effet à la législation de l'Etat), les matières suivantes:

–   relations internationales et avec l'Union européenne des Régions;
–   commerce avec l'étranger;
–   protection et sécurité du travail;
–   enseignement, sauf l'autonomie des enseignements scolaires et à l'exclusion de l'enseignement et de la formation professionnelle;
–   professions;
–   recherche scientifique et technologique et soutien à l'innovation pour les secteurs productifs;
–   protection de la santé;
–   alimentation;
–   institution sportive;
–   protection civile;
–   gouvernement du territoire;
–   ports et aéroports civils;
–   grands réseaux de transport et de navigation;
–   ordre juridique de la communication;
–   production, transport et distribution nationale de l'énergie;

–   prévoyance d'appoint et complémentaire;
–   harmonisation des budgets publics et coordination des finances publiques et du système fiscal;
–   mise en valeur des biens culturels et concernant l'environnement et promotion et organisation des activités culturelles;
–   caisses d'épargne, caisses agricoles, établissements de crédit à caractère régional;
–   établissements de crédit foncier et agricole à caractère régional.

Toute autre matière qui n'est pas expressément réservée à la législation de l'Etat relève de la compétence des Régions.

Le recours du gouvernement contre les lois régionales, sur la base du nouvel article 127 de la Constitution, a maintenant un caractère successif, c'est-à-dire qu'il concerne des actes déjà entrés en vigueur et il doit être formé dans les soixante jours suivant leur publication.

L'article 127 a maintenu la différence de formulation dans l'hypothèse où l'Etat attaque une loi régionale et dans celle où la Région attaque une loi de l'Etat: dans le premier cas, le Gouvernement attaque une loi régionale lorsqu'elle "excède la compétence de la Région"; dans le second cas, la Région attaque une loi de l'Etat ou un acte ayant valeur de loi de l'Etat ou d'une autre Région lorsque sa sphère de compétence est lésée. La Cour constitutionnelle a déduit de cette différence de rédaction, la diversité du régime des recours contre les lois de l'Etat et contre celles des Régions: l'Etat peut former un recours contre les lois régionales pour n'importe quel vice; la Région ne peut former un recours contre les lois de l'Etat que pour vice de compétence.

Les lois de l'Etat et les lois régionales sont à présent soumises à des limites de constitutionnalité homogènes: la Constitution, les obligations dérivant de l'ordre juridique communautaire, les obligations internationales. La Constitution ne comprend plus l'expression "intérêt national" qui ne fait donc plus explicitement partie des limites du pouvoir législatif régional. Toutefois, l'article 120 de la Constitution prévoit que le Gouvernement peut se substituer à des organes des Régions, des Villes métropolitaines, des Provinces et des Communes, en cas de non respect de normes et de traités internationaux ou de la législation communautaire ou bien de grave danger pour la sécurité et la sûreté publique, ou lorsque l'exigent la protection de l'unité juridique ou de l'unité économique, en particulier la protection des niveaux essentiels des prestations concernant les droits civils et sociaux, indépendamment des limites territoriales des gouvernements locaux. Les commentateurs se sont interrogés afin de savoir si et dans quelle mesure, avec les notions d'unité juridique et d'unité économique qui peuvent permettre des interventions de substitution dans les compétences des Régions, on a introduit une notion comparable à celle de l'intérêt national, dont il a déjà été soulignée l'importance dans la jurisprudence de la Cour constitutionnelle. La question de savoir si, dans les cas prévus par l'article 120, le Gouvernement peut aussi se substituer aux organes législatifs de la Région ou bien si, comme quelqu'un semble le préférer, les pouvoirs de substitution dont il s'agit ne concernent que l'activité administrative est également une question controversée. A ce sujet, il semble opportun de remarquer que la détermination des niveaux essentiels des prestations concernant les droits civils et sociaux ne relève que du pouvoir législatif exclusif de l'Etat.

Le recours à titre principal à l'encontre des lois régionales n'est pas le seul moyen par lequel elles peuvent être portées à la connaissance de la Cour constitutionnelle. Comme toute loi ou acte ayant force de loi de l'Etat, elles peuvent faire l'objet d'une question de constitutionnalité soulevée à titre incident au cours d'un procès. Les effets des arrêts de la Cour constitutionnelle qui déclarent l'inconstitutionnalité de lois régionales ne présentent aucune particularité par rapport à la discipline prévue pour les lois de l'Etat. Lorsque, sous le régime de l'article 127 de la Constitution, dans sa première rédaction, le recours de l'Etat était préventif, l'effet de l'arrêt qui déclarait l'inconstitutionnalité était d'empêcher la promulgation de la loi régionale et donc son entrée en vigueur. Mais à présent que le recours du Gouvernement a aussi un caractère successif, la loi régionale déjà en vigueur cesse de produire effet, selon la formule de l'article 136 de la Constitution, c'est-à-dire qu'elle cesse d'être appliquée, selon l'expression en partie différente et peut-être plus claire de l'article 30 de la loi du 11 mars 1953, n. 87.

FINLAND

Mr Niilo JÄÄSKINEN
Judge at the Supreme
Administrative Court

Mr Mikko KÖNKKÖLA
Judge at the Supreme Court

1. Constitutional Framework Governing the Division of legislative Powers between the Central State and Other Entities

Finland is a unitary State with a centralised system of government. Therefore, with the exception of the special status of the autonomous province of Åland (*see chapter 4*), questions concerning the division of legislative powers between the Central State and federated regional entities topical to federal systems do not emerge in Finland.

However, there are three cases, in which organs other than Parliament, or the Government, may enact binding legal provisions with an abstract scope of application, this competence to issue secondary legislation being based on an express and detailed authorisation in an Act of Parliament. These cases pertain to the regulatory competences of the local government, the ecclesiastical law and the provincial legislation of Åland. Consequently, courts may be faced with the necessity to resolve normative conflicts between these various sets of regulation.

The present Constitution of Finland, adopted in June 1999, entered into force on 1 March 2000. The new Constitution represents mainly a codification into a single text of the four constitutional Acts adopted between 1919 and 1928, and their subsequent amendments, the most important of which was the revised chapter on fundamental rights of 1995. Nevertheless, certain revisions of the earlier constitutional law were adopted in the new Constitution, slightly changing the balance of powers between the legislature and the executive in favour of the former, and enforcing the guarantees given to the Rule of Law.

Pursuant to Section 2 of the Constitution, the powers of the State in Finland are vested in the people, who are represented by the Parliament. Democracy entails the right of the individual to participate in and influence the development of society and his or her living conditions. The exercise of public powers shall be based on an Act. In all public activity, the law shall be strictly observed. The principle of the separation of powers is set out in Section 3, according to which legislative powers are exercised by the Parliament, which shall also decide on State finances. The governmental powers are exercised by the President of the Republic and the Government, the members of which shall have the confidence of the Parliament.

The judicial powers are exercised by independent courts of law, with the Supreme Court and the Supreme Administrative Court as the highest instances.

The division of competences between the two supreme courts is defined in Section 99. Justice in civil, commercial and criminal matters is in the final instance administered by the Supreme Court (*Korkein oikeus, KKO*). Justice in administrative matters is in the final instance administered by the Supreme Administrative Court (*Korkein hallinto-oikeus, KHO*).

In Finland, supervision of the constitutionality of the Acts of Parliaments consists of the *ex ante* scrutiny exercised by Parliament, and *ex post* control, *i.e.* judicial review, exercised by courts.

Pursuant to Section 74 of the Constitution, the Constitutional Law Committee of Parliament shall issue statements on the constitutionality of legislative proposals and other matters brought for its consideration, as well as on their relation to international human rights treaties. This Committee, which consists of Parliamentarians, is, of course, a political body. However, its practice is characterised by search for legally well-founded interpretations and consistent use of precedent.

The main task of the Committee is to propose to the plenary session, in practice to decide on, which legislative procedure is applicable to the legislative proposal concerned. This entails a choice between the ordinary legislative procedure and the procedure applicable to constitutional amendments, or a conclusion that the proposal can only be adopted following the special constitutional procedures applicable to the Act on the Autonomy of the Province of Åland and the Church Act.

Pursuant to Section 75 of the Constitution, the legislative procedure for the Act on the Autonomy of the Åland Islands is governed by the specific provisions in that Act. The Act on the Autonomy of Åland, the current text being adopted in 1991, is not formally a Constitutional enactment. However, according to the Act itself it may be amended, explained, repealed or exceptions to it may be made only by consistent decisions of the Parliament of Finland and the Legislative Assembly of Åland. In the Parliament of Finland the decision shall be made as provided, for the amendment, explanation and repeal of Constitutional Acts and in the Legislative Assembly by at least a two thirds' majority of votes cast. (Section 69, Act on the Autonomy of Åland). Consequently, from a norm hierarchical point of view the Act on Autonomy can be compared to the Constitution.

Pursuant to Section 76 of the Constitution, provisions on the organisation and administration of the Evangelical Lutheran Church are laid down in the Church Act. The legislative procedure for enactment of the Church Act and the right to submit legislative proposals relating to the Church Act are governed by the specific provisions in that Code. According to Chapter 2 Section 2 of the Church Act, the General Synod of the Evangelical Lutheran Church has the exclusive right of legislative initiative concerning the Church Act. Parliament may adopt or reject the proposals of the Synod but, except for legal-technical modifications, it may not amend them. Materially, the scope of the Church Act is limited to questions that can be considered to fall within the internal remit of the Church.

Before the entry into force of the new Constitution, the Finnish courts were not empowered to exercise judicial review of Acts of Parliament even though they were expected to interpret Acts of Parliament in conformity with the fundamental rights protected by the Constitution. This reluctance to recognise formal powers of judicial review was explained by the fear of the centre and left oriented political forces, at the beginning of the last century, based on American and Norwegian experiences, that courts might use the review of the constitutionality of Acts of Parliament to slow down or even to prevent political, social and economic reforms found necessary by Parliament. In retrospect, it might be suggested that the control of constitutionality exercised by Parliament may have lead to a more conservative construction of the Constitution in Finland than would have been the case if this question had been left in the hands of the judiciary.

Nevertheless, during the process leading to the adoption of the new Constitution, political disputes concerning judicial review seem to have disappeared. Consequently, the primacy of the Constitution is set down in Section 106 of the Constitution. Pursuant to this provision, a court of law shall give primacy to the provision in the Constitution if, in a matter being tried by that court of law, the application of an Act of Parliament would be in *evident* conflict with the Constitution. It should be noted that this competence of judicial review is vested in all courts, both general, administrative and specialised, and that it is independent of the position of the court concerned in the judicial hierarchy. However, it may be expected that cases, in which this issue becomes actual, normally reach the superior instances.

The new Constitution has retained, in Section 107, the rule already established in the former Constitution to the effect that a provision in a Decree or another statute of a lower level than an Act of Parliament being in conflict with the Constitution or another Act shall not be applied by a court of law or by any other public authority. This entails that the *lex superior* principle applies to conflicts between lower level regulations and Acts of Parliament, the Constitution included, without the requirement that the normative conflict should be evident, as is the case concerning conflicts between the Constitution and Acts of Parliament.

For the purposes of our report, this allows for the following conclusion. The legislative powers of the Legislative Assembly of Åland and the Synod of the Evangelic Lutheran Church, described below in chapters 3 and 4, are constitutionally protected exclusive competences. Nonetheless, if Parliament enacts provisions infringing this division of legislative powers, the conflict may lead to non-application of the Act by courts only provided that such a constitutional conflict is evident.

On the other hand, regulatory powers of the local government, described below in chapter 2, can only be exercised with in the framework of Parliamentary legislation. Therefore, Acts of Parliament, and secondary legislation based on it, pre-empt the regulatory competence of local government. Hence, possible conflicts between the State legislation and local government regulations are always to be solved in favour of the former.

2. Legislative Powers of the Local Government

Independent local government based on municipal self-government is one of the corner-stones of the Finnish political and administrative system. The country is divided into about 450 municipalities, with populations ranging from a few hundred to half a million inhabitants. The State administrative machinery is comparatively slim, and the municipalities are responsible for the provision of such public services as primary and secondary education, public health, social security, planning and zoning, water, waste and sewage infrastructures etc. About two thirds of the public expenditure can be attributed to the municipalities. The municipalities finance their activities, in addition to municipal taxes, with subventions received from the State budget, as in many fields they act as agents of the State pursuant to special legislation.

On the other hand, regional self-government is relatively unimportant in Finland. The country is divided into 20 provinces which, with the exception of the Åland Islands, do not have independent competences but legally are associations of the member municipalities that also nominate their decision-making bodies. However, the provinces have recently gained more importance as the tasks relating to implementation of the regional structural policies of the European Union and regional zoning and planning have been entrusted to them.

The constitutional basis for municipal and other regional self-government is set down in Section 121 of the Constitution. Pursuant to this provision, Finland is divided into municipalities, whose administration shall be based on the self-government of their residents. Provisions on the general principles governing municipal administration and the duties of the municipalities are laid down by an Act. The municipalities have the right to levy municipal tax. Provisions on the general principles governing tax liability and the grounds for the tax as well as on the legal remedies available to the persons or entities liable to taxation are laid down by an Act. Provisions on self-government in administrative areas larger than a municipality are laid down by an Act.

The decision-making powers of the municipalities are exercised by municipal councils elected by the residents for a period of four yours, and by municipal boards nominated by the municipal councils.

Municipal self-government consists in practice mainly of the provision of public services and political and administrative activities relating thereto. Local regulation is of relatively minor importance. However, as a part of their self-government the municipalities have traditionally had the competence to issue bye-laws concerning maintenance of public order and similar matters. In addition, they have relatively large powers to regulate on their internal organisation and the status of their office-holders. As stated above, this regulatory competence does not enjoy constitutional protection, and it is limited to issues not regulated by State legislation, unless an Act of Parliament specially authorises municipalities to lay down detailed rules on a matter.

Municipal regulation can broadly be divided into three categories. The first one consists of internal regulations concerning the activities of the political and administrative bodies of the municipality and the status of municipal office-holders. The second category covers local bye-laws that the municipal authorities are authorised to adopt on the basis of a special provision to this effect included in an Act of Parliament. Examples of such bye-laws include harbour regulations, waste management regulations, building codes and health protection regulations.

The third category of municipal regulations consists of ordinances which the municipal councils, pursuant to Section 7 of the Municipalities Act, may adopt for the maintenance and protection of public order and security. Ordinances complement general legislation by providing more detailed provisions on issues such as civil protection, including prevention of fires or combat against public nuisances like dogs running wild, disturbing consumption of alcoholic beverages in public places, or street prostitution. Violations against ordinances are sanctioned with fines, but fines imposed for these offences, if unpaid, may not be converted into imprisonment, which is the case concerning fines imposed for other offences. It should be noted that the decentralised system of municipal ordinances has been found unsatisfactory from the point of view of the protection of fundamental rights and legal certainty, and it will to a great extent be replaced by the Act on the Maintenance of Public Order that will enter into force later this year.

According to the Municipalities Act, a special administrative remedy, the so-called *municipal appeal,* can be lodged against all definitive decisions of municipal authorities not subject to special legislation. A municipal appeal is considered in the first instance by one of the nine regional administrative courts. Appeal against the decision of the administrative court is lodged with the Supreme Administrative Court.

A municipal appeal may be lodged not only by the parties directly concerned by the decision but also by any member of the municipality, *i.e.* its residents, holders of local real estates and legal persons having their domicile in the municipality. This broad scope of standing renders the municipal appeal the character of an *actio popularis*. On the other hand, the powers of review of administrative courts in cases based on municipal appeal are more limited than in other administrative cases. The courts only possess cassatory powers. They are not empowered to go beyond the specific grounds invoked in the appeal, and the decision of a municipal authority may be challenged only for three reasons, *viz.* Procedural fault, exceeding authority and substantive illegality of the decision. Contrary to the cases heard on an ordinary administrative appeal, in cases lodged on municipal appeal, an administrative court, if it finds the appeal founded, may only quash the contested decision but it has not the reformatory powers to substitute it with its own decision.

Municipal appeal is also available against bye-laws and other municipal regulations. As stated earlier, if such municipal rules are in conflict with State legislation, they are illegal. Hence, the appeal must be allowed and the bye-law or regulation, as the case may be, declared invalid or inapplicable. In the case law of the Supreme Administrative Court, there are several cases where the compatibility of municipal regulations or ordinances with the Constitution has been challenged.

For instance, restrictions imposed by municipalities on their office-holders concerning their right to choose their place of residence outside the municipality have been declared unconstitutional as breaking the freedom of movement and the freedom to choose one's place of residence, unless they can be justified with the needs of the proper management of the office (e.g. KHO 1963 II 206, 1969 II 45). Provisions of ordinances requiring an advance permit issued by the police for the use of loud-speakers and sound amplifiers outdoors have been considered *prima facie* constitutional. However, such requirements may not be applied as to restrict their use in the context of political demonstrations, protected by the constitutional provisions on the freedom of expression and freedom of assembly (KHO 1982 II 6). In the same way, restrictions included in ordinances concerning distribution of printed matter (KHO 1980 I 2) or advertising in public places could not be applied to political demonstrations and meetings (KHO 1974 II 31).

Fundamental rights secured by the Constitution have also been interpreted as restricting the internal regulatory competences of the municipalities. The Supreme Administrative Court (KHO 1997:11, KHO 3.3.1998 t. 312) has, e.g., considered that after the entry into force of the revised fundamentals rights chapter in 1995 it was no longer possible to regulate the grounds of termination of service of municipal office-holders only at the level of internal staff regulations of each municipality, as the Constitution required that no one shall be dismissed from employment without a lawful reason.(Section 18 of the Constitution). Similarly, it has been considered (KHO 9.1.2000 t 41) that without express legislative support it was not possible to introduce to the rules of procedure of a City council, provisions limiting the speaking-time of the city counsellors, as such definite time-limits restricted the freedoms of expression they enjoyed as elected representatives of the residents. In both cases, the decisions of the Supreme Administrative Court have lead to immediate legislative measures by Parliament introducing provisions necessary for the fulfilment of the constitutional requirements.

Similar problems with the compatibility of municipal regulations with fundamental rights have also been examined by the Supreme Court. The Court has considered (KKO 2000:52) that the principle of legality in criminal cases, as expressed in Section 8 of the Constitution, according to which no one shall be found guilty of a criminal offence or be sentenced to a punishment on the basis of a deed, which has not been determined punishable by an Act at the time of its commission, prevented the imposition of a fine for the violation of an ordinance because the text of the ordinance itself did not mention this possibility. The general rule embodied in Section 7 of the Municipalities Act, pursuant to which violations of ordinances are punishable by fines, was not deemed sufficient to fulfil the requirements of the principle of legality.

3.   Ecclesiastical legislative powers

In Finnish law, despite the freedom of religion protected by the Constitution, the Evangelical Lutheran Church and the Orthodox church enjoy a privileged status as recognised national congregations. About 90 percent of the population are members of the Evangelical Lutheran Church, the legal status of which is regulated by the Church Act, adopted under a special constitutional procedure. Membership of the Orthodox Church represents only one percent of the population, consisting mainly of the diaspora evacuated from the Karelian territories ceded to the Soviet Union as a result of the Second World War. However, as the earliest Christian community in Finland, the Orthodox church of Finland, being an autonomous church under the Patriarchate of Constantinople, has official status comparable to that of the majority congregation.

As mentioned earlier, the General Synod of the Evangelical Lutheran church has exclusive legislative initiative concerning the Church Act, and Parliament may only adopt or reject its proposals. On the basis of the Church Act, the Synod adopts the Church Order containing more detailed rules on ecclesiastical administration and the Church Electoral code. The Synod, or in specific cases the Bishops' Conference, may adopt provisions concerning the implementation of the Church Act and the Church Order.

Administrative appeal against decisions of church authorities at the parish level is lodged with the Diocesan Chapel of diocese. Appeals against decisions of Diocesan Chapels and against the church central authorities are lodged with the Supreme Administrative Court.

The application of the ecclesiastical legislation of the Evangelical Lutheran church is restricted to the internal remit of the church, *viz.* The organisation and administration of the congregation and its dioceses and parishes, the status of ecclesiastical office-holders and the legal relations between the church and its members. As the Church Act has to be adopted by Parliament, cases where the Church would legislate outside its remit are excluded in practice.

On the other hand, in certain cases it may be difficult to define whether certain general legislation is also applicable to the Church's internal legal relations. Both supreme Courts have addressed this question in the context of equality between the sexes. That principle is secured as a fundamental right by the Constitution subject to more specific provisions adopted in an Act. The Act on equality between women and men of 1986 excludes the activities of churches and other religious communities pertaining to exercise of religion from the scope of application of the Act. On the other hand, the Act is applicable to their other activities.

It has been established as law that the Act on equality does not compel churches and religious communities to approve female priesthood. However, the Supreme Court has decided (KKO 2001:9) that if a church has accepted female priests, as the Evangelical Lutheran church has, it may not discriminate on the basis of sex in the appointments of individual priests. Therefore, a female candidate who had been discriminated against in the filling of a parish second pastor's post was entitled to damages in accordance with the Act on equality.

The Act on equality requires that both sexes must be represented in boards and comparable management organs of authorities and other public entities. The application of this rule to certain auxiliary organs of an Evangelical Lutheran parish became actual in the Supreme Administrative Court in 2001 (KHO 13.2.2001 t.469). One dissenting justice was of the opinion that the Act on equality was not at all applicable to church administration. To his mind, implementation of the principle of non-discrimination within the Church is a question falling within the material scope of the Church Act, which at present does not regulate this issue. However, the majority consisting of four justices considered that the Act on equality is in principle applicable to parish administration provided that the activity in question could not be characterised as exercise of religion. In conclusion, it was found that the activities of the parish committee responsible for administration of buildings, cemeteries and estates were not religious in their nature. Therefore it was illegal that only men had been nominated to the committee. On the other hand, the tasks of the parish committee responsible for education and children's and youth activities were so intimately linked with the religious teaching of the church that the Act on equality could not be applied to this body. Therefore, it was not illegal that the latter committee consisted only of women.

4.   The autonomy of Åland

The archipelago of Åland is situated in the Baltic between Sweden and Finland. Åland consists of more than 6,500 islands and skerries. No more than about 60 of them are inhabited all the year round. Nine tenths of the island's 25,000 inhabitants live on the largest island, the "mainland Åland". The Åland Islands are divided into 16 different municipalities. The capital is Mariehamn.

The dispute between Finland and Sweden on the Åland Islands question was referred to the newly-formed League of Nations in 1920, and in June 1921 the Council of the League of Nations recognised Finland's sovereignty over the Åland Islands. Finland undertook, however, to guarantee the inhabitants of the Åland Islands their Swedish language, culture and customs.

The 25,000 Ålanders possess a wide competence to pass laws concerning their own matters. Under the Autonomy Act, the population of Åland is represented by a Legislative Assembly, which appoints the Provincial Government of Åland. The Autonomy Act is the actual basis of Åland's autonomy. Adopted by the Parliament of Finland in constitutional order and with the assent of the Legislative Assembly of Åland, the Act specifies the spheres in which the Åland Legislative Assembly has the right to pass laws. In the other fields, the general State legislation applies.

The division of legislative competences between the State and Åland is mutually exclusive. Therefore, state legislation within the competence of Åland is inapplicable even if Åland has failed to legislate in the field in question.

The division of legislative competences has been carried out by enumerating exhaustively those matters belonging to the competence of Åland (28 items) and those belonging to the authority of the State (42 items). (*See Annex*) Through an *ex ante* control, a system based on the Act on Autonomy, it has been ensured that Åland has not exceeded its competence in enacting new legislation.

The main features of this *ex ante* control are the following: The Åland Delegation, a joint body of the State and Åland, gives its opinion on the Act adopted by the Assembly of Åland to the Ministry of Justice before the President of Republic makes the decision not to use her power of veto. The Ministry of Justice can also request an opinion from the Supreme Court. This is normally the case when the Åland Delegation has considered that the Legislative Assembly has exceeded its legislative powers or the Act in question deals with a new field of law or a matter that is regarded as being unclearly in the sphere of the Act on Autonomy. The President of the Republic may not order an Act of Åland annulled without having obtained the opinion of the Supreme Court. On the other hand the President is not legally bound by that opinion. In practice the President, however, follows the opinion of the Supreme Court.

It should be noted that the opinion of the Supreme Court or the Åland Delegation does not amount to abstract norm control. By delivering an opinion the Supreme Court is not thus exercising judicial power, but performing a special duty assigned to it by the Act on Autonomy. Neither do the opinions of the Supreme Court bind the legislator, authorities or other courts in future. Such opinions do, however, have significant weight in the same subject matter in possible disputes.

On the other hand an Act of Parliament may not conflict with the Act of Autonomy. As has already been mentioned, the Constitutional Law Committee of the Parliament shall issue statements on the constitutionality of legislative proposals brought to its consideration. According to established practice and doctrine this (also) *ex ante* control covers the compliance of the proposal with the Act of Autonomy – i.e. with the division of legislative powers between the State and Åland – even though this Act does not have the status of a Constitutional Law. On the other hand, it is rather rare that an Act of Parliament contains specific provisions on its applicability in Åland. The compatibility of an Act of Parliament with the Act on Autonomy is normally left to be resolved *in casu*. That is the reason why the Constitutional Law Committee is seldom faced with the question whether an Act is in conflict with the Act on Autonomy or not.

This was however the case when the Parliament adopted the Act on Money Lotteries in 2001. This law obliged those who organise game lotteries in Åland to ensure that it was not possible to take part in the game from the territory of the State. The officials of State were also authorised to impose monetary sanctions for the infringements. This legislative proposal was brought before the Constitutional Law Committee for the consideration prior to its adoption; the Committee did not see any conflict between the proposed law and the Act on Autonomy.

However before the confirmation of the Act, the President of the Republic obtained on her own request a statement from the Supreme Court. In its statement the Supreme Court was of the opinion that the provisions concerning Åland conflicted with the Act on Autonomy. On basis of this statement, the President of the Republic refused to confirm the Act. Nevertheless the Act when taken up for reconsideration in Parliament pursuant to section 78 of the Constitution was adopted without material alterations. This constitutional stalemate ended when the Parliament adopted, as proposed by the Government, an amendment of the Act by which the relevant provisions were abolished. This amendment entered into force simultaneously with the Act itself.

The Supreme Court has under the Act on Autonomy also a specific competence to resolve a conflict between Åland officials and State officials on the authority in respect of a given administrative function. This decision rendered by the Supreme Court on the proposal of the Government of Åland or State officials is final and binding. The resort to the Supreme Court has seldom taken place. In the last case submitted to the Supreme Court it was questioned whether the Government of

Åland had the authority to grant an association the permission to organise a money lottery in Åland via the Internet (thereby allowing for the possibility of a lottery within the State; KKO:2001:38). Interestingly enough, this case also concerned monetary lotteries.

As already mentioned, hierarchically the Act on Autonomy is in many respects comparable to the Constitution. In this regard it is generally held that the superiority of the Act is also guaranteed by virtue of Section 106 of the Constitution: the courts shall give primacy not only to the Constitution but also to the Act on Autonomy, if in a matter being tried by that court of law, the application of an Act of Parliament would be in evident conflict with the Act on Autonomy. In practice this kind of conflict is unlikely. The Act of Parliament does not normally contain provisions of its applicability in Åland and the courts and or authorities shall determine this matter *in casu* by interpreting the relevant provision of the Act on Autonomy.

Questions concerning the applicability of the general State legislation in Åland are not infrequent when the Supreme Administrative Courts tries appeals lodged against decisions of the Government of Åland. In 1973, for example, the Supreme Administrative Court concluded that the general State legislation on public access to official documents could not be applied to the documents of the Åland authorities. This finding followed from the general principles implied in the division of competences in the Act on Autonomy as the sector in question had not been expressly attributed to either jurisdiction.

Consequently, section 106 of the Constitution may be invoked by courts only when an Act issued by the State is applicable in Åland by its own terms, and the court in question is of the opinion that the subject matter belongs to authority of Åland under the Act on Autonomy.

Section 106 of the Constitution is on the other hand applicable to an Act issued by the Åland legislature when it is deemed to be in evident conflict with Constitution or the Act on Autonomy. Due to the *ex ante* control directed at Åland legislation such conflicts are not likely.

The Autonomy of Åland and an integral part the legislative powers of Åland are regulated in detail by the Constitution and the Act on Autonomy. The Åland Delegation and the Supreme Court play a significant role as the guardians of the rule of law of the autonomy. The Supreme Court has also the power, when needed, to decide in a given administrative case the conflict on competence between the administration of Åland and the administration of the State. A new element in the legal control over the autonomy of Åland is the power of the courts set down in section 106 of the Constitution (and current doctrine) providing for non-application of an Act conflicting with the Act on Autonomy.

APPENDIX

Act on the autonomy of Åland

Provisions relating to the division of competences (unofficial translation).

Authority of Åland

Section 17
Legislation of Åland

The Legislative Assembly shall enact legislation for Åland (Acts of Åland).

Section 18
Legislative authority of Åland

Åland shall have legislative powers in respect of

1) the organisation and duties of the Legislative Assembly and the election of its members, the Government of Åland and the officials and services subordinate to it;

2) the officials of Åland, the collective agreements on the salaries of the employees of Åland and the sentencing of the officials of Åland to disciplinary punishment;
    2 a) the employment pensions of the employees of Åland and the elected representatives in the administration of Åland, as well as of the head teachers, teachers and temporary teachers in the primary and lower secondary schools in Åland; (12 July 1996/520)

3) the flag and coat of arms of Åland and the use thereof in Åland, the use of the Åland flag on vessels of Åland and on merchant vessels, fishing_vessels, pleasure boats and other comparable vessels whose home port is in Åland, without limiting the right of State offices and services or of private persons to use the flag of the State;

4) the municipal boundaries, municipal elections, municipal administration and the officials of the municipalities, the collective agreements on the salaries of the officials of the municipalities and the sentencing of the officials of the municipalities to disciplinary punishment;

5) the additional tax on income for Åland and the provisional extra income tax, as well as the trade and amusement taxes, the bases of the dues levied for Åland and the municipal tax;

6) public order and security, with the exceptions as provided by section 27, subparagraphs 27, 34 and 35; the firefighting and rescue service;

7) building and planning, adjoining properties, housing;

8) the appropriation of real property and of special rights required for public use in exchange for full compensation, with the exceptions as provided by section 61;

9) tenancy and rent regulation, lease of land;

10) the protection of nature and the environment, the recreational use of nature, water law;

11) prehistoric relics and the protection of buildings and artifacts with cultural and historical value;

12) health care and medical treatment, with the exceptions as provided by section 27, subparagraphs 24, 29 and 30; burial by cremation;

13) social welfare; licences to serve alcoholic beverages;

14) education, apprenticeship, culture, sport and youth work; the archive, library and museum service, with the exceptions as provided by section 27, subparagraph 39; (12 July 1996/520)

15) farming and forestry, the regulation of agricultural production; provided that the State officials concerned are consulted prior to the enactment of legislation on the regulation of agricultural production;

16) hunting and fishing, the registration of fishing vessels and the regulation of the fishing industry;

17) the prevention of cruelty to animals and veterinary care, with the exceptions as provided by section 27, subparagraphs 31-33;

18) the maintenance of the productive capacity of the farmlands, forests and fishing waters; the duty to transfer, in exchange for full compensation, unutilised or partially utilised farmland or fishing water into the possession of another person to be used for these purposes, for a fixed period;

19) the right to prospect for, lay claim to and utilise mineral finds;

20) the postal service and the right to broadcast by radio or cable in Åland, with the limitations consequential on section 27, subparagraph 4;

21) roads and canals, road traffic, railway traffic, boat traffic, the local shipping lanes;

22) trade, subject to the provisions of section 11, section 27, subparagraphs 2, 4, 9, 12-15, 17-19, 26, 27, 29-34, 37 and 40, and section 29, paragraph 1, subparagraphs 3-5, with the exception that also the Legislative Assembly has the power to impose measures to foster the trade referred to in the said paragraphs;

23) promotion of employment;

24) statistics on conditions in Åland;

25) the creation of an offence and the extent of the penalty for such an offence in respect of a matter falling within the legislative competence of Åland;

26) the imposition of a threat of a fine and the implementation thereof, as well as the use of other means of coercion in respect of a matter falling within the legislative competence of Åland;

27) other matters deemed to be within the legislative power of Åland in accordance with the principles underlying this Act.

Section 19
Supervision of legislation

The decision on the adoption of an Act of Åland shall be delivered to the Ministry of Justice and to the Åland Delegation; the latter shall give its opinion to the former before the decision is presented to the President of the Republic. (31 December 1994/1556)

After having obtained an opinion from the Supreme Court the President of the Republic may order the Act of Åland annulled in full or in part, if he considers that the Legislative Assembly has exceeded its legislative powers or that the Act of Åland relates to the internal or external security of the State. The President shall order the annulment within four months of the date when the decision of the Legislative Assembly was delivered to the Ministry of Justice. (31 December 1994/1556)

For purposes of uniformity and clarity an Act of Åland may contain provisions on matters relating to the legislative powers of the State, provided that in their substance they agree with the corresponding provisions of a State Act. The inclusion of such provisions in an Act of Åland shall not alter the separation of the legislative powers of the State and Åland.

Chapter 5
Authority of the State

Section 27
Legislative authority of the State

The State shall have legislative power in matters relating to

1) the enactment, amendment, explanation and repeal of a Constitutional Act and an exception to a Constitutional Act;

2) the right to reside in the country, to choose a place of residence and to move from one place to another, the use of freedom of speech, freedom of association and freedom of assembly, the confidentiality of post and telecommunications;

3) the organisation and activities of State officials;

4) foreign relations, subject to the provisions of chapter 9;

5) the flag and coat of arms of the State and the use thereof, with the exceptions provided by section 18, subparagraph 3;

6) surname and forename, guardianship, the declaration of the legal death of a person;

7) marriage and family relations, the juridical status of children, adoption and inheritance, with the exceptions provided by section 10;

8) associations and foundations, companies and other private corporations, the keeping of accounts;

9) the nationwide general preconditions on the right of foreigners and foreign corporations to own and possess real property and shares of stock and to practice a trade;

10) copyright, patent, copyright of design and trademark, unfair business practices, promotion of competition, consumer protection;

11) insurance contracts;

12) foreign trade;

13) merchant shipping and shipping lanes;

14) aviation;

15) the prices of agricultural and fishing industry products and the promotion of the export of agricultural products;

16) the formation and registration of pieces of real property and connected duties;

17) mineral finds and mining, with the exceptions as provided by section 18, subparagraph 19;

18) nuclear energy; however, the consent of the Government of Åland is required for the construction, possession and operation of a nuclear power plant and the handling and stockpiling of materials therefor in Åland;

19) units, gauges and methods of measurement, standardisation;

20) the production and stamping of precious metals and trade in items containing precious metals;

21) labour law, with the exception of the collective agreements on the salaries of the Åland and municipal officials, and subject to the provisions of section 29, paragraph 1, subparagraph 6, and section 29, paragraph 2;

22) criminal law, with the exceptions provided by section 18, subparagraph 25;

23) judicial proceedings, subject to the provisions of sections 25 and 26; preliminary investigations, the enforcement of convictions and sentences and the extradition of offenders;

24) the administrative deprivation of personal liberty;

25) the Church Code and other legislation relating to religious communities, the right to hold a public office regardless of creed;

26) citizenship, legislation on aliens, passports;

27) firearms and ammunition;

28) civil defence; however, the decision to evacuate residents of Åland to a place outside Åland may only be made with the consent of the Government of Åland;

29) human contagious diseases, castration and sterilisation, abortion, artificial insemination, forensic medical investigations;

30) the qualifications of persons involved in health care and nursing, the pharmacy service, medicines and pharmaceutical products, drugs and the production of poisons and the determination of the uses thereof;

31) contagious diseases in pets and livestock;

32) the prohibition of the import of animals and animal products;

33) the prevention of substances destructive to plants from entering the country;

34) the armed forces and the border guards, subject to the provisions of section 12, the actions of the authorities to ensure the security of the State, state of defence, readiness for a state of emergency;

35) explosive substances, as to the part relating to State security;

36) taxes and dues, with the exceptions provided by section 18, subparagraph 5;

37) the issuance of paper money, foreign currencies;

38) statistics necessary for the State;

39) archive material derived from State officials, subject to the provisions of section 30, subparagraph 17;

40) telecommunications; however, a State official may only grant permission to engage in general telecommunications in Åland with the consent of the Government of Åland;

41) the other matters under private law not specifically mentioned in this section, unless the matters relate directly to an area of legislation within the competence of Åland according to this Act;

42) other matters that are deemed to be within the legislative power of the State according to the principles underlying this Act.

Section 60
Legality of Decrees, conflicts of authority

If a provision of a Decree of Åland conflicts with an Act of Åland or a State Act applied in Åland, it shall not apply.

If a conflict of authority arises between Åland officials and State officials on a given administrative function, a decision on the matter shall be rendered by the Supreme Court on the proposal of the Government of Åland or the State official. Before rendering the decision the Supreme Court shall obtain opinions from the appropriate official and the Åland Delegation.

AZERBAIJAN

Mr Khanlar HAJIYEV
Chairman of the Constitutional Court of Azerbaijan
(Member of the Venice Commission in respect of Azerbaijan)

The Constitutional Court of the Azerbaijan Republic set up in 1998 is invested with significant powers. Its basic competence includes the determination of constitutionality of quite a wide scope of normative and legal acts, including the determination of legality of acts of a lower level, the resolution of conflicts between branches of power as well as the right to interpret the Constitution and the laws of the State.

It should be noted that there are two autonomous entities within the territory of Azerbaijan these are the Nakhchivan Autonomous Republic and the Nagorno-Karabakh Autonomous Region. During the Soviet period the Constitution of Azerbaijan of 1978 regulated the status of both of them.

I do not want to dwell either on the legal aspects of their status, that is not the subject of my report, or on the issues regarding the possibilities of settlement of the conflicts between autonomous entities and the central state at that period, as it was excluded by the Party centralisation as a rule. Moreover, the Soviet state legal doctrine did not allow for the creation of a specialised body of constitutional control. At the same time as the collapse of the Soviet state, the increase of perception of their cultural and lingual identity by the national groups and the necessity for development of individual regions of the state taking into account their historically formed features required the unitary entities to adapt their constitutional system to the new tendencies, on the basis of study and introduction of the new political models of the developed democratic states. These processes were marred by splashes of nationalism and separatism, incomprehension relating to the possibility of effective application of the constitutional models in order to resolve disputes not owing to the collapse of the unified state, and ethnic cleansing which took place in connection with non-settlement resulting from the Nagorno-Karabakh conflict. I believe it is not yet too late to reject the radical demands, which caused deadlock and to use the means of constitutional justice as the guarantee for the balance between the centre and regions as the institution resolving disputes between them displaying self-dependence, independence, professional authority and providing representation for the regions.

The conflict of competencies is mainly the constitutional and legal collision, resolution of which calls for the necessity of the special legal mechanism that is constitutional justice within the democratic and legal state. Standing in the capacity of referee in the disputes between the central authority and regions, constitutional justice is invoked to protect the territorial supremacy of the Constitution and the principle of vertical separation of powers established by it, as well as to maintain the balance of interests of the centre and regions.

It is known that the powers to resolve such disputes exceeds the bounds of the classical model of competence of a Constitutional Court, which examines the constitutionality of legal norms. To date, the majority of Constitutional Courts of the European countries have the power to apply both abstract and concrete control for constitutionality of norms. I have already explained that the Constitutional Court of the Azerbaijan Republic has different powers, which are directly aimed at the implementation of the main task: that is ensuring the supremacy of the Constitution of the State.

Despite the fact that the appointment of judges is the prerogative of the central authorities of the State, the Constitutional Court cannot be considered as the body representing its interests. Decisions of the Constitutional Court are binding and come out of impartial application of law by independent and highly qualified lawyers. In our country the Constitution provides for the possibility of applying to the Court for the verification of constitutionality and legality of the normative and legal acts both of the central authorities and the autonomy. Moreover, both the central authorities of the State and the Parliament of the Nakhchivan Autonomous Republic (Ali Majlis) that is an independent entity have the right to initiate petitions to the Constitutional Court.

Chapter VIII of the Constitution of the Azerbaijan Republic is devoted to regulation of the status of the Nakhchivan Autonomous Republic. According to Article 135 of the Constitution of the Azerbaijan Republic, the legislative power in the Nakhchivan Autonomous Republic shall be implemented by the Parliament, that is the Ali Majlis of the Republic, which is independent in consideration of the issues falling within its competence according to the Constitution of the Azerbaijan Republic. The Ali Majlis of the Nakhchivan Autonomous Republic establishes the general regulations concerning the following issues: elections to the Ali Majlis of the Nakhchivan Autonomous Republic, taxation, direction of the economic development of the Nakhchivan Autonomous Republic, social welfare, protection of environment, tourism, public health, science and culture. With respect to these issues the Ali Majlis of the Nakhchivan Autonomous Republic adopts the laws. Moreover, it approves the budget of the Autonomous Republic, economic and social programmes of the Republic, appoints and dismisses the Prime Minister, the composition of the Cabinet of Ministers and resolves issues concerning confidence in the Cabinet of Ministers. According to the Constitution of Azerbaijan Republic, the Constitution and laws of Nakhchivan Autonomous Republic adopted by the Ali Majlis of the Nakhchivan Autonomous Republic shall not contradict the Constitution and laws of the Azerbaijan Republic.

According to Article 44 of the Constitution of the Nakhchivan Autonomous Republic, the Nakhchivan Supreme Court shall ensure constitutional control. On the basis of the petitions submitted by the Highest Official of the Republic, Parliament, Cabinet of Ministers, Chairman of the Supreme Court and Prosecutor General, it decides the issues concerning the conformity of laws and resolutions of the Parliament, decrees and orders of the Chairman of the Parliament, Cabinet of Ministers and the normative and legal acts of the central executive bodies of the Nakhchivan Autonomous Republic with the Constitution of the Nakhchivan Autonomous Republic.

The Supreme Court is also competent to examine the conformity of normative legal acts of the Autonomous Republic, with the laws of this autonomous entity as well as the conformity of some normative acts of lower level, with the decrees and orders of the Head of this region.

According to Article 130 of the Constitution of the Azerbaijan Republic on the basis of the petitions submitted by the President of Azerbaijan Republic, the Milli Majlis of the Azerbaijan Republic, the Cabinet of Ministers of the Azerbaijan Republic, the Supreme Court of the Azerbaijan Republic, the Prosecutor's Office of the Azerbaijan Republic, and the Ali Majlis of the Nakhchivan Autonomous Republic, the Constitutional Court shall be empowered to verify the conformity of the laws of the Autonomous Republic and resolutions of the Ali Majlis and the Cabinet of Ministers of this Republic with the Constitution of the Azerbaijan Republic as well as the conformity of laws and other normative legal acts with the laws of the Azerbaijan Republic.

The Law of the Azerbaijan Republic "On the Constitutional Court" does not provide for any special procedure for examination of issues concerning the constitutionality of acts of Nakhchivan. Instead the procedures provided for by law and Rules of Procedure of the Court concerning examination of constitutionality of acts are applied. The issue concerning the acceptance of a petition for examination shall be considered within seven days, and the examination of the case with participation of parties shall be commenced within sixty days. According to the Law the body that submitted a petition as well as the body that adopted the act to be examined by the Court, shall be the parties to the case. The introduction of the institution of the individual complaint, the right of the ordinary courts to apply to the Constitutional Court with requests regarding interpretation of laws and the Constitution as well as granting to the Ombudsman the right to apply directly to the Constitutional Court will sufficiently extend the right of citizens of the entire State to challenge the norms adopted by the authorities both of the central state and the regional entity.

The right of the Constitutional Court to examine the disputes between the branches of power includes where a petition is submitted, the right to determine the constitutionality of the observance of the separation of powers by the central and territorial entities when implementing their administrative, taxation and budgetary, and other functions. In its practice, the Constitutional Court of the Azerbaijan Republic has resorted to using this competence when regional authorities have adopted acts not falling within their competence. According to the law, the examination of such disputes shall be commenced within twenty days from the date of acceptance of the petition for examination.

Thus, the Constitution of Azerbaijan Republic establishes the judicial mechanism for resolution of disputes between central and territorial entities. I believe that the application of the judicial procedures at the resolution of such disputes is the most correct one as the decisions of the Constitutional Court enjoy the confidence of citizens. And this fact is very important for the establishment of true civil consent.

UKRAINE

Mr Volodymyr IVASCHENKO
Judge at the Constitutional Court

According to Article 1 of the Constitution of Ukraine, Ukraine is a sovereign and independent, democratic, social, law-based state. In Ukraine, the rule of law is recognised and acts, so that the Constitution of Ukraine has the highest legal effect, and laws and other regulatory and legal acts shall be adopted on the grounds of the Constitution and shall comply therewith.

Ukraine is a unitary state, whose administrative and territorial system includes: the Autonomous Republic of Crimea, 24 regions and the Cities of Kyiv and Sevastopol. The representative functions in the regions are carried out by the Verkhovna Rada of the Autonomous Republic of Crimea, regional, district, city, settlement and village councils whose deputies are elected by the population of the region on the grounds of the general, equal elective rights by secret ballot.

Considering the matters, which concern the resolution by the Constitutional Court of Ukraine of conflicts between the central State and regional representative authorities, which include local self-government authorities, we should note, that the latter have no legislative powers in Ukraine. In conformity with the Constitution of Ukraine, the sole body of legislative power in Ukraine is the Parliament – the Verkhovna Rada of Ukraine

At the same time, the Constitution of Ukraine delegates to local self-government authorities certain powers as to regulation of legal relations in the appropriate spheres. These are first and foremost, formation and distribution of the local budget incomes, and include administration of personal and real estate, land and other resources, which constitute the property of territorial communities, and some other matters of local importance. Decisions made on those matters are compulsory for execution on concerned territories.

Following the practice of the Constitutional Court of Ukraine these very decisions in individual cases have led to disputes of a legal nature, and a good example of the problems which arise for Ukraine as a unitary state, in the process of the legal regulation of such relationships is provided by the Autonomous Republic of Crimea.

Let me inform you of the background.

The Autonomous Republic of Crimea has the status of an administrative and territorial unit of Ukraine. The population of the Crimea as of January 2001 is approximately 2,100,000 (4.26% of the population of Ukraine), the area is 26,800 sq. km (4.32% of the territory of Ukraine). The industrial production output in 2000 was 2,238,000,000 UAH. (1.7% of the total industrial production output of Ukraine). The Crimea is a well-known resort where more than 600 sanatoria and rest homes operate.

Speaking on the specificity of such an administrative and territorial formation as the Autonomous Republic of Crimea, first and foremost we should note, that as Chapter X of the Constitution of Ukraine states, the citizens of Ukraine – the residents of the Autonomous Republic of Crimea – have broader opportunities for exercising their right to self-government and, to make decisions on local matters, than the territorial communities of regions with higher populations.

First of all, there is the right of the residents of the Crimea to elect their representative authority, the Verkhovna Rada of the Autonomous Republic of Crimea, and the granting by the Constitution of Ukraine to this Rada broader powers as compared with those of the self-government authorities, regional councils, which represent the common interests of the territorial communities being a part of the region.

In particular, in contrast to the representative authorities of the other territorial and administrative units of Ukraine, according to the Constitution of Ukraine the Verkhovna Rada of the Autonomous Republic of Crimea shall adopt the Constitution of the Autonomous Republic of Crimea, which is subject to approval by the Verkhovna Rada of Ukraine. According to the Constitution of Ukraine, the Verkhovna Rada of the Autonomous Republic of Crimea shall provide normative regulation on the matters referred to as being within its competence, adopting resolutions and making decisions, which are mandatory for fulfillment of this competence.

Essential differences also exist in the organisation of the executive power in the Autonomous Republic of Crimea as a whole. Thus, the Government of the Autonomous Republic of Crimea is the Council of Ministers of the Autonomous Republic of Crimea. Apart from the Government of the Autonomous Republic of Crimea, there also exists a system of republican ministries and committees whose heads are nominated by the Verkhovna Rada of the Autonomous Republic of Crimea on submission of the Chairman of the Council of Ministers of the Autonomous Republic of Crimea. In addition, we should note, that the Constitution of Ukraine does not determine the status of these authorities, which exercise executive powers on the territory of the peninsula. They are not referred to directly, on one hand, as the executive authorities of local self-government, or on the other hand, as the local authorities of executive power. At the same time, in all other administrative and territorial formations, corresponding by level to the Autonomous Republic of Crimea (specifically, in the regions, Cities of Kyiv and Sevastopol), the executive power on the appropriate territory is exercised by the local authorities of executive power – the local state administrations.

One more characteristic feature, which distinguishes the Crimean autonomy from the other relevant components of the administrative and territorial system of Ukraine, is that the Constitution of Ukraine provides for a special procedure for termination prior to the expiration of the term of the authority of the Verkhovna Rada of the Autonomous Republic of Crimea. Such a decision may be adopted by the Verkhovna Rada of Ukraine if it is the opinion of the Constitutional Court of Ukraine that there is a violation by the Verkhovna Rada of the Autonomous Republic of Crimea of the Constitution of Ukraine or the Laws of Ukraine. Regarding other bodies of local self-government, such a decision may be adopted by the Verkhovna Rada of Ukraine if the appropriate opinion of the general jurisdiction court is available. In addition, we should note, that this procedure is not determined directly by the Constitution of Ukraine, but by the Law of Ukraine.

On the matters directly related to the theme of our seminar, namely the settlement of conflicts between the central and regional authorities, I would like to say, that the Constitution of Ukraine provides for a special constitutional procedure for reviewing the conformity of the regulatory and legal acts of the Verkhovna Rada of the Autonomous Republic of Crimea with the Constitution of Ukraine and the laws of Ukraine. The validity of the disputed legal acts of the Verkhovna Rada of the Autonomous Republic of Crimea may be dismissed by the President of Ukraine with simultaneous submission of a constitutional petition to the Constitutional Court of Ukraine. In addition, the pleas of unconstitutionality of the regulatory and legal acts of the Verkhovna Rada of the Autonomous Republic of Crimea are considered by the Constitutional Court of Ukraine on petition of at least forty five People's Deputies of Ukraine, the Supreme Court of Ukraine, and the Human Rights Representative of the Verkhovna Rada of Ukraine (Ombudsperson).

For decisions of the other self-government authorities there is an absolutely different procedure set up: in case of their non-conformity to the Constitution of Ukraine or the law of Ukraine their validity shall be dismissed in the procedure established by the law with simultaneous petition to the court of general jurisdiction.

The Verkhovna Rada of the Autonomous Republic of Crimea is also vested with the very important constitutional right, unavailable to other relevant authorities of local self-government, of direct petition to the Constitutional Court of Ukraine, on the matters of conformity to the Constitution of Ukraine of the law and other legal acts of the Verkhovna Rada of Ukraine, acts of the President of Ukraine, and acts of the Cabinet of Ministers of Ukraine.

Before passing onto the review of the practices of the Constitutional Court of Ukraine in the matters of legal conflict settlement, let me provide some historical background, which will help to give a better understanding of the deep factors, which cause such conflicts.

The development of the political and legal situation in the Crimea in the last decade of the last century may be tentatively divided into two stages as follows.

The First stage covers 1991-1994 and is characterised by sharp aggravation of the secessionist views in the Crimea, withdrawal of the region from the legal environment of Ukraine, and actual loss of control by the central power of Ukraine over the situation in the autonomy.

Here are the main landmarks of that stage:

On January 20, 1991 in the Crimea, which had regional status as a part of Soviet Ukraine, there was conducted the Crimea-wide referendum, the results of which were that the overwhelming majority of the participants favored the reestablishment of the Crimean Autonomous Soviet Socialist Republic as a subject of the Soviet Union;

On February 12, 1991, the Verkhovna Rada of then Ukrainian Soviet Socialist Republic adopted the Law "On the reestablishment of the Crimean Autonomous Soviet Socialist Republic", and the Crimea received the status of territorial autonomy as a part of the Ukrainian Soviet Socialist Republic;

On August 24, 1991, the Verkhovna Rada of Ukraine adopted the Act of Independence of Ukraine;

In September 1991, the Verkhovna Rada of the Crimean Autonomous Soviet Socialist Republic adopted the Declaration of the State Sovereignty of the Crimea and petitioned the Verkhovna Rada of Ukraine with the proposal to build the relationship between Ukraine and Crimea on contractual principles;

On May 5-6, 1992, the Verkhovna Rada of Crimea adopted the Act of State Independence of the Republic of Crimea and the Constitution of the Republic of Crimea. By these acts, the Crimea actually proclaimed itself an independent state, subject of international relations and *de facto* went beyond the legal environment of Ukraine;

Further, by the logic of building the sovereign state, **in spring 1994, the Crimea** elected the President of the Crimea and new members of the Verkhovna Rada of the Crimea, that effectively stopped the dialogue with the Ukrainian public authorities;

On September 9, 1994, the President of the Crimea suspended the activities of the Verkhovna Rada of Crimea and those of local self-government authorities. The power in the autonomy virtually passed to the President of the Crimea, who started active preparation for the referendum on secession of the Crimea from Ukraine. They stopped paying money to the state budget of Ukraine. The President of the Crimea created his own Security Service, announced subordination to him of the local Ukrainian law-enforcement authorities, and made the first steps toward the creation of regional armed forces.

Therefore, the situation which developed in the Crimea posed an actual threat to the territorial integrity of Ukraine and of further armed conflict in the region. It presented a danger for the world and stability not only in Ukraine, but also in the entire Black Sea basin.

The second stage of the political and legal situation development in the Crimea began in 1995. It is characterised by the recovery of the administrative vertical and return of the autonomy into the legal environment of Ukraine, which was a consequence of the resolute actions of the President of Ukraine and the Verkhovna Rada of Ukraine. I should note that the stabilisation of the situation in the Crimea was facilitated by the firm position of the international community, major Western countries and the signing of a number of the agreements between Ukraine and the Russian Federation, in particular, on friendship, co-operation, and partnership and on the conditions of the basing of the Black Sea fleet of the Russian Federation in the Crimea.

Some words on the main events of this stage:

On March 17, 1995 the Verkhovna Rada of Ukraine invalidated the Constitution of the Crimea, and the majority of the regulatory and legal acts adopted on the grounds thereof, and also the office of the President of the Crimea. At the same time, we should note, that the then effective Constitution of Ukraine (1978) provided for no legal methods for settlement of the conflicts between the central and regional public authorities. I would like to emphasise, that these decisions of the Verkhovna Rada of Ukraine were of a political rather than a legal nature;

On June 28, 1996, the Verkhovna Rada of Ukraine adopted the Constitution of Ukraine. Chapter X thereof determines the status of the Autonomous Republic of Crimea as an integral part of Ukraine, and also sets forth the limits of the constitutional authorities of its bodies. In addition, the Constitution of Ukraine (1996) stipulated, that the Constitutional Court of Ukraine as the sole constitutional jurisdiction body should, in particular, review the constitutionality of the regulatory and legal acts of the Verkhovna Rada of the Autonomous Republic of Crimea. The recognition by the Constitutional Court of Ukraine of any regulatory and legal acts (individual provisions thereof) non-compliant with the Constitution of Ukraine (unconstitutional), would entail loss of validity by them once the relevant decision of the Constitutional Court of Ukraine had been adopted;

On October 23, 1998, the Verkhovna Rada of the Autonomous Republic of Crimea adopted the Constitution of the Autonomous Republic of Crimea, which was approved by the Verkhovna Rada of Ukraine. In conformity with section 1 of Article I of this Constitution, the Autonomous Republic of Crimea is an integral part of Ukraine and within the limits of the authorities determined by the Constitution of Ukraine, shall decide on the matters within in its competence.

Summing up, we should note, that the provisions of Chapter X of the Constitution of Ukraine "Autonomous Republic of Crimea" and the Law of Ukraine "On approval of the Constitution of the Autonomous Republic of Crimea" established a kind of political and legal compromise, both in Ukraine in general and in the Crimea in particular. Certainly, this compromise, as any other, failed to satisfy both parties completely. However, it solved their main problems: facilitated the normalisation of the political situation in the autonomy, prevented an actual threat to the territorial integrity of Ukraine, and brought calm and a feeling of personal safety to the citizens of Ukraine, including the residents of the Crimea. On this occasion it is pertinent to recollect the expression of the French jurist of the 18th century Louis Charles Montesquieu: "For a citizen, political freedom is a spiritual calmness based on the confidence in his own safety".

This compromise has probably found its display in the constitutional entrenchment of the status of the Autonomous Republic of Crimea as a specific autonomous territorial formation. This, in turn, is the reason why the proceedings of the Verkhovna Rada of the Autonomous Republic of Crimea, which found their legal authority in the appropriate acts, most often have shown the intention of going beyond the constitutional and legal field, which could not prevent the creation of conflicts and required measures on their settlement.

Wholly logical was the fact that the settlement of these conflicts, their sources found specifically in the appropriate regulatory and legal acts of the autonomy, have been implemented by purely legal means, precisely determined by the Constitution of Ukraine. The active subjects of this process according to their constitutional authorities were the Constitutional Court of Ukraine as the sole body of constitutional jurisdiction and the President of Ukraine as the guarantor of state sovereignty and territorial indivisibility of Ukraine, observance of the Constitution of Ukraine and human and citizens' rights and liberties.

We should note, that, specifically on the initiative of the President of Ukraine, the Constitutional Court of Ukraine in 1998-2001 examined four cases and recognised to be non-compliant with the Constitution of Ukraine (unconstitutional), approximately 30 provisions of legal acts of the Autonomous Republic of Crimea, mainly with regard to taxes, interbudgetary relations, and administration of property.

In particular, the Constitutional Court of Ukraine found to be unconstitutional the provisions of legal acts of the Verkhovna Rada of the Autonomous Republic of Crimea "On the republican budget of the Autonomous Republic of Crimea for 1998" dated January 14, 1998, under which the republican budget of the Autonomous Republic of Crimea shall be paid the value added tax and excise duty, approve the specifications and set forth the procedure for their transfer to the budgets of the cities and districts of the Autonomous Republic of Crimea. The Constitutional Court of Ukraine proceeded from the fact that it is the law of Ukraine that exclusively sets forth the state budget of Ukraine and the budget system of Ukraine; the taxation system, the taxes and duties. Subject to the Law of Ukraine "On tax system" the value added tax and excise duty belong to the national taxes and duties (charges), whose procedure of transfer to the state budget of Ukraine, the budget of the Autonomous Republic of Crimea shall be determined by the Law of Ukraine.

At the same time, we should note, that the legal situation in the sphere of interbudget relations between the centre and the autonomy, unfortunately remains uncertain. The point is that according to the Constitution of Ukraine, the competence of the Autonomous Republic of Crimea includes development, approval and fulfillment of the budget of the Autonomous Republic of Crimea on the grounds of the uniform tax and budget policies of Ukraine. However, the Constitution of the Autonomous Republic of Crimea departs from the general procedure for transfer of the taxes and duties levied on the territory of the autonomy, namely: transfer of them to the budget of the Autonomous Republic of Crimea with further transfer to the state budget of Ukraine of the funds for the national costs. Furthermore, this rule deals with the "financial independence" of the Crimean autonomy and is granted this independence by the Laws of Ukraine.

The Verkhovna Rada of the Autonomous Republic of Crimea as a subject of the right to constitutional submission twice appealed to the Constitutional Court of Ukraine with a petition to have the provisions of the Law of Ukraine on the state budget of Ukraine for 2001 and 2002 declared unconstitutional supporting their petition with the argument that these laws failed to take into account the above provisions of the Constitution of the Autonomous Republic of Crimea relating to its financial independence.

The Constitutional Court of Ukraine in both cases refused to undertake a constitutional examination, because the Constitution of the Autonomous Republic of Crimea and the state budget of Ukraine were both adopted by the Verkhovna Rada of Ukraine in accordance with the laws of Ukraine. So, there was a conflict between legal acts of equal status rather than between the Laws of Ukraine and the Constitution of Ukraine. The resolution of such a collision is not in the competency of the Constitutional Court of Ukraine, but lies within the competence of the public authority which adopted these legal acts, specifically the sole legislative body of Ukraine – the Parliament.

One more legal act examined by the Constitutional Court of Ukraine was 'Regulations on administration of property which belongs to the Autonomous Republic of Crimea or was transferred for administration thereto. The Constitutional Court of Ukraine recognised as unconstitutional the provisions contained in these Regulations, in conformity with which the budget of the Autonomous Republic of Crimea shall include the republican budget of the Autonomous Republic of Crimea, the budgets of the regions and cities of the republican level of the Autonomous Republic of Crimea" and that this budget, with the amendments and supplements thereto, shall be approved by the Verkhovna Rada of the Autonomous Republic of Crimea, on the basis that this violates the budget rights of local self-government authorities of the Crimea, guaranteed by the Constitution of Ukraine.

One more case, which concerns the legal situation in the financial and economic sphere of the Crimea, is connected with the constitutional review of norms contained in the 'Regulations on the Accounting Chamber of the Verkhovna Rada of the Autonomous Republic of Crimea'. The Constitutional Court of Ukraine recognised as unconstitutional the provisions contained in these Regulations, in conformity with which the Accounting Chamber of the Verkhovna Rada of the Autonomous Republic of Crimea had turned to a financial and economic auditing service, whereby the Verkhovna Rada of the Autonomous Republic of Crimea received practically unlimited authority to interfere with the economic proceedings of the companies, establishments, and organisations of any ownership forms, which operate on the territory of the autonomy, including the Crimean division of the National Bank of Ukraine. The Constitutional Court of Ukraine proceeded from the fact that the law of Ukraine exclusively sets forth the grounds for the creation and functioning of financial, money, credit and investment markets, providing the stability of the monetary unit, which, according to the Constitution of Ukraine, is the main function of the central bank of the state, the National Bank of Ukraine. In conformity with the Constitution of Ukraine, the Law of Ukraine shall exclusively determine, in particular, the legal status of property, legal grounds and guarantees for entrepreneurship; the grounds of civil and legal, administrative, and disciplinary responsibility. At the same time, in any case the state shall provide protection of the rights of all subjects of the rights to property and economic activity.

The Constitutional Court of Ukraine additionally recognised as unconstitutional the provisions of the already mentioned Regulations 'on administration of property belonging to the Autonomous Republic of Crimea or transferred to administration thereof', in conformity with which the control of property shall be provided not by the Government of the Autonomous Republic of Crimea (the Council of Ministers), but by the representative body thereof: the Verkhovna Rada. The Constitutional Court of Ukraine indicated that having approved the said provisions, the Verkhovna Rada of the Autonomous Republic of Crimea infringed the grounds set forth in the Constitution of Ukraine on the said matters, went beyond its authority and interfered with the sphere of social relations, which are subject to the regulation of the Laws of Ukraine.

Some disputes of a legal nature settled by the Constitutional Court of Ukraine are connected with provisions of the Resolution of the Verkhovna Rada of the

Autonomous Republic of Crimea "On measures for Human Resources strengthening in the Autonomous Republic of Crimea". Individual rules of this Resolution illegally provided for the co-ordination with the Verkhovna Rada of the Autonomous Republic of Crimea of assignment to office and dismissal from office of the heads of district state administrations in the Autonomous Republic of Crimea, and also dismissal from office of the public prosecutor of the Autonomous Republic of Crimea. In conformity with the Constitution of Ukraine, organisation, authorities, and proceedings of local authorities of executive power, to which local state administrations belong, are determined by the Constitution and Laws of Ukraine, and assignment to office and dismissal from office of heads of local state administrations lies within the competence of the President of Ukraine on submission of the Cabinet of Ministers of Ukraine. The Prosecutor's office of Ukraine is a uniform system, the organisation and activities of its bodies are determined by the law, and these constitutional provisions do not accept any exceptions as to their regulation, including assignment to office and dismissal from office of the Prosecutor of the Autonomous Republic of Crimea by legal acts of the Verkhovna Rada of the Autonomous Republic of Crimea.

Besides the above-mentioned legal acts of the Verkhovna Rada of the Autonomous Republic of Crimea the Constitutional Court of Ukraine examined and recognised as being unconstitutional the provisions of the Law of the Autonomous Republic of Crimea "On associations of citizens", which supposedly created in the Republic of the Crimea political parties with their legalisation (official recognition) by registration with the Department of Justice of the Council of Ministers of the Autonomous Republic of Crimea. Adopting the decision on the case, the Constitutional Court of Ukraine proceeded from the fact that the grounds for foundation and activities of the political parties, or other associations of citizens is determined exclusively by the Law of Ukraine. According to the Law of Ukraine "On associations of the citizens", political parties shall be founded in Ukraine only with Ukraine-wide status and are subject to mandatory registration with the Ministry of Justice of Ukraine. The foundation and proceedings of the political parties with Crimea-wide status for the citizens of Ukraine who are residents of only the Autonomous Republic of Crimea is not in line with the principles, in conformity with which the citizens shall have equal constitutional rights and freedoms and equality before the law.

Individual provisions of legal acts of the Verkhovna Rada of the Autonomous Republic of Crimea treated it as a legislative authority and not as a representative one. According to the Constitution of Ukraine it is the latter. In particular, the Constitutional Court of Ukraine recognised as unconstitutional the application to the legal acts adopted by the Verkhovna Rada of the Autonomous Republic of Crimea, the legal form of "law", as, according to the Constitution of Ukraine, the Verkhovna Rada of the Autonomous Republic of Crimea within the limits of its authorities shall make only the decisions and resolutions, and the law-making belongs to the exclusive competency of the Verkhovna Rada of

Ukraine. The provisions of the Rules of the Verkhovna Rada of the Autonomous Republic of Crimea were also declared unconstitutional, which supposed implementation of "parliamentary hearings", because, in accordance with the Constitution of Ukraine, only the Verkhovna Rada of Ukraine is a parliament. In addition, proceeding from the fact that the Constitution of Ukraine and the Laws of Ukraine set forth identical legal approaches to the organisation and proceedings of the authorities of a representative nature, the Constitutional Court of Ukraine recognised as unconstitutional the provisions indicated in these Regulations, in conformity with which the procedure of opening of the plenary meeting, election of leaders and adoption of decisions for the Verkhovna Rada of the Autonomous Republic of Crimea was arranged differently from that of local self-government authorities.

Continuing the analysis of legal acts of the Verkhovna Rada of the Autonomous Republic of Crimea, we should note, that, in the opinion of some Ukrainian jurists except for those already mentioned there are certain contraventions between a number of the provisions of the Constitution of Ukraine and legal norms of the Constitution of the Autonomous Republic of Crimea, relating to the proceedings of its representative and executive authorities. I would like to present some of them:

–   The Constitution of the Autonomous Republic of Crimea empowers the Council of Ministers of the Autonomous Republic of Crimea to cancel the acts of local state administrations, but according to the Constitution of Ukraine this right is lawfully enjoyed by the President of Ukraine and Head of state administration of a higher level;

–   The Constitution of the Autonomous Republic of Crimea determines that the Autonomous Republic of Crimea provides the normative regulation "on the other matters, stipulated and delegated by the laws of Ukraine". However, the Constitution of Ukraine contains an exclusive list of the matters, on which the Autonomous Republic of Crimea shall provide normative regulation, and provides for no opportunities of expanding the list in conformity with the laws of Ukraine;

–   In conformity with the Constitution of Ukraine, the authorities and the proceedings of the Government of the Autonomous Republic of Crimea are determined by the Constitution of Ukraine, which determines the scope of competency of the regulatory and legal acts of the Verkhovna Rada of the Autonomous Republic of Crimea. However, the Constitution of the Autonomous Republic of Crimea contains no reference as to which regulatory and legal acts of the Verkhovna Rada of the Autonomous Republic of Crimea may determine the authorities and activities of this Government, it only refers to the matters specified as being within the competency of the Verkhovna Rada of the Autonomous Republic of Crimea;

–   In conformity with the Constitution of the Autonomous Republic of Crimea, the Verkhovna Rada of the Autonomous Republic of Crimea shall determine the specific features of the status of Simferopol, and the organisation and holding of elections, while according to the Constitution of Ukraine the Law of Ukraine shall determine these matters exclusively;

–   According to the Constitution of the Autonomous Republic of Crimea, the competence of the Autonomous Republic of Crimea shall include: the participation in formation and implementation of the foreign policy, foreign economic affairs, foreign relations, decision on the matters of investment, sciences, engineering, creation of free economic zones, licensing and setting of quotas of export production, development and implementation of demographic policies. However, the Constitution of Ukraine provides for no granting of such authority to the Autonomous Republic of Crimea; moreover, subject to the Constitution of Ukraine, these matters shall be regulated exclusively by the laws of Ukraine.

Unfortunately, this list is by no means exhaustive. On this occasion, I would dare to express my thought that consideration by the Constitutional Court of Ukraine of individual regulatory and legal acts of the Autonomous Republic of Crimea and even recognition of them as unconstitutional, that according to the Constitution of Ukraine means loss of their validity upon the day of making the relevant decision by the Constitutional Court of Ukraine, is not unique, and, may not be, the best way to solve the imperfections in the legal regulation of the practices of the Crimean public authorities. The problem of legal norm conflict should be solved first and foremost by the public authorities that adopted these norms which are, the sole legislative body in Ukraine, the Verkhovna Rada of Ukraine, and the representative body of the Crimean autonomy, the Verkhovna Rada of the Autonomous Republic of Crimea.

It is worth noting that the ideas expressed here should not be considered only from the point of view of the protection of public interests in case of their violation by representative authorities. In the cases the evaluation of legal acts of the representative authority given by the Constitutional Court of Ukraine as the sole constitutional jurisdiction body was based on the conformity of those acts with the Constitution of Ukraine. However, in cases of violation of constitutional rights of local self-government, the Constitutional Court of Ukraine repeatedly adopted decisions aimed at the protection of these rights as an important integrated part of democracy. In particular, during 1999-2001 the Constitutional Court of Ukraine:

–   Confirmed the right of Kyiv City Council to make decisions on formation or non-formation of the Councils in the city districts and determination in the event of formation on the scope and limits of their authorities (case on administrative and territorial system, 2001);

—   Recognised as unconstitutional the provision of Article 79 of the Law of Ukraine "On local self-government in Ukraine" as to the possibility of early termination of the authorities of village, settlement, city Head on the decision of the appropriate Council "in other cases", that is on the grounds not stipulated in the said Law (case on local self-government, 2000);

—   Recognised as unconstitutional the provisions of the Law of Ukraine "On temporary interdiction to increase the tariff to housing and municipal services and public transport services, which are granted to the citizens of Ukraine", whereby the authorities of local self-government forfeited the power to set the payment tariff for household, municipal, transport, and other services (case on municipal services, 1999)

—   Guided by Article 11 of the Constitution of Ukraine, in conformity with which the State shall facilitate the consolidation and development of ethnic, cultural, language, and religious originality of all indigenous peoples and national minorities of Ukraine, the Constitutional Court of Ukraine confirmed the constitutionality of use by local self-government authorities, along with the state language, of Russian and other languages of the national minorities within the limits and subject to the procedure, determined by the Law of Ukraine (case on application of the Ukrainian language, 1999).

FRANCE
FAUT-IL RECONNAITRE UN POUVOIR LEGISLATIF AUX PARTIES COMPOSANTES DE L'ETAT FRANÇAIS ?

M. François LUCHAIRE
Ancien membre du Conseil constitutionnel français
Ancien Président du Tribunal constitutionnel d'Andorre
(Membre de la Commission de Venise au titre d'Andorre)

La question est fortement discutée en France. Elle oppose deux philosophies politiques différentes.

La première se rattache au Jacobinisme : La République, disait les révolutionnaires de 1793 est une et indivisible. L'Etat dispose de tous les pouvoirs, il n'est pas possible d'en remettre une partie quelconque à une collectivité territoriale.

L'unité et l'indivisibilité sont d'abord apparues comme des attributs de la souveraineté ; c'est ce qu'indique l'article 1er du titre II de la première Constitution française du 3 septembre 1791. Puis, c'est l'article 1er de la Constitution montagnarde du 24 juin 1793 qui proclame que la République française est une et indivisible.

L'article 85 de la Constitution du 27 octobre 1946 reprend la formule : la République française est une et indivisible. Par contre, l'article 1er de l'actuelle Constitution du 4 octobre 1958 ne retient que l'indivisibilité de la République et non plus son unité ; il dispose en effet que "la République française est indivisible". Mais le Conseil constitutionnel a posé le principe de l'unité du peuple français. Il l'a affirmé à propos de la Corse en s'opposant à une disposition législative affirmant que le peuple corse était une composante du peuple français (décision du 9 mai 1791) ; ainsi le peuple est un et ne peut se répartir en fractions distinctes.

La seconde, que par opposition à la première et en souvenir de la Révolution, on pourrait appeler une école girondine, estime que le pouvoir doit être la plus près possible des citoyens car dans une démocratie il est nécessaire que le pouvoir et les citoyens se connaissent et se comprennent mutuellement.

Or, la conception jacobine domine actuellement mais elle a des limites ; par contre, il semble que pour l'avenir la conception girondine progresse.

I.   La reponse actuelle

La distinction entre l'indivisibilité de la République et l'unité du peuple français a d'importantes conséquences : l'indivisibilité de la République n'interdit pas au législateur de prévoir des règles différentes selon les diverses parties du territoire français ; l'unicité du peuple français est une conséquence du principe d'égalité ; il s'oppose en effet – toujours d'après le Conseil constitutionnel – à ce que "les conditions essentielles de mise en cause des libertés publiques et par suite l'ensemble des garanties que celles-ci comportent ne puissent pas être les mêmes sur l'ensemble des territoires de la République" (décisions des 13 janvier 1994, 18 juin 1995, 9 avril 1996).

A la question posée, au début de cette intervention, le Conseil constitutionnel, dans sa décision du 17 janvier 2002 à propos de la Corse, a répondu par la négative. Il était saisi d'une disposition législative prévoyant que le législateur pourrait autoriser l'Assemblée de Corse à procéder à des expérimentations comportant des dérogations aux règles législatives en vigueur, expérimentations soumises ensuite à l'approbation du Parlement ; le Conseil constitutionnel s'y est opposé. En effet, légiférer c'est exercer la souveraineté ; or d'après l'article 2 de la Constitution "la souveraineté nationale appartient au peuple qui l'exerce par ses représentants et par la voie du référendum ; aucune section du peuple ne peut s'en attribuer l'exercice". Le principe de l'unité du peuple souverain interdit par conséquent de reconnaître un quelconque pouvoir d'émettre des règles législatives à une Assemblée régionale.

Or, il convient pour bien des raisons de relativiser cette affirmation.

1.   Il faut d'abord préciser ce qu'il faut entendre par règles législatives : ou bien on entend par là toute disposition générale s'imposant aux citoyens comme aux administrations ; ou bien on entend par là seulement les règles émanant du peuple souverain ou de ses représentants.

C'est la conception du droit français qui distingue les lois qui ne peuvent être soumises qu'au contrôle du Conseil constitutionnel et d'autre part les règlements dont la conformité à la Constitution et aux lois peut être appréciée par les autres juridictions.

Ainsi la même matière peut, dans certains Etats européens, faire l'objet de lois et en France de règlements.

L'article 34 de la Constitution française contient deux dispositions qui intéressent notre problème : en premier lieu, il énumère une série de matières qui relèvent exclusivement de la loi ; en second lieu, il dispose que la loi "détermine les principes fondamentaux de la libre administration des collectivités territoriales, de leurs compétences et de leurs ressources". La combinaison de ces deux dispositions fait que le législateur peut donner aux collectivités locales la compétence de prendre des règlements sauf dans les matières qui relèvent exclusivement de la loi.

La décision précitée du Conseil constitutionnel confirme très clairement cette interprétation en permettant de donner à l'Assemblée de Corse la possibilité de prendre des règlements dans les matières relevant de sa compétence. Cette Assemblée pourra donc prendre, dans certains domaines, des dispositions qui en Bavière ou en Catalogne serait, peut-être, législatives.

Toutefois, cette possibilité connaît deux limites ; c'est d'abord, il convient de le rappeler qu'elle ne peut porter sur les matières exclusivement réservées au Parlement ; c'est ensuite, d'après le Conseil constitutionnel, qu'elle ne peut porter atteinte aux "conditions essentielles de mise en œuvre des libertés publiques" car, depuis longtemps le Conseil a jugé que les conditions d'exercice d'une liberté publique ne peuvent dépendre "des décisions des collectivités territoriales et ainsi puissent ne pas être les mêmes sur l'ensemble du territoire". Le principe d'égalité des citoyens vient donc s'ajouter à celui de l'unité du peuple français sous ces réserves plus une Assemblée locale reçoit de compétences et plus elle peut être dotée de la possibilité d'émettre des règles générales. A cet égard, l'Assemblée de Corse est la mieux dotée de toutes les Assemblées locales métropolitaines.

2.   Si l'on prend l'adjectif "législatif" dans la première des deux conceptions précédemment distinguées, c'est-à-dire comme s'appliquant à des règles décidées par le Parlement, l'Assemblée de Corse dispose d'une prérogative que n'ont pas les Assemblées locales du Continent. Elle a un très large pouvoir d'initiative : le Conseil a admis en effet la constitutionnalité d'une loi permettant à cette Assemblée de "présenter des propositions tendant à modifier ou à adopter des dispositions législatives en vigueur ou en voie d'élaboration concernant les compétences, l'organisation et le fonctionnement de l'ensemble des collectivités territoriales de Corse ainsi que toute disposition législative concernant le développement économique, social et culturel de la Corse".

Si les régions du Continent n'ont pas pareil droit d'initiative, il n'en est pas de même pour les conseils généraux et régionaux des départements d'outre-mer. Ils ont un droit d'initiative analogue dont ils n'ont pas fait un grand usage.

Certes la Corse et les départements d'outre-mer n'ont pas de pouvoir de décision dans les matières réservées à la loi ; le Conseil constitutionnel le refuse à la Corse tout en acceptant que lui soit donnée de larges pouvoirs dans le domaine réglementaire.

Or, l'évolution des territoires d'outre-mer montre combien est factice la distinction entre le législatif et le réglementaire.

3.   La Constitution disposait dans son article 76 (aujourd'hui remplacé par des articles concernant la Nouvelle-Calédonie) que "les territoires d'outre-mer peuvent garder leur statut au sein de la République". Le Conseil en avait déduit que les dispositions fixant les compétences des Assemblées locales dans les anciens statuts continuent à s'appliquer même dans les matières que la Constitution, dans son article 34, réserve au Parlement (décision du Conseil 34-L du 2 juillet 1965).

De plus, puisque l'article 74 de la Constitution permet de modifier l'organisation de ces territoires, la liste de leurs compétences peut être modifiée soit pour la réduire, soit pour l'étendre. La décision du Conseil (290 DC) en date du 9 août 1991 affirme, pour distinguer le statut de la Corse de celui des territoires d'outre-mer, que la situation de ces territoires "a pour effet de limiter à ces territoires la possibilité pour le législateur de déroger aux règles de répartition des compétences entre la loi et le règlement".

Ainsi des matières qui dans la métropole relèvent du pouvoir législatif peuvent dans les territoires d'outre-mer relever du pouvoir réglementaire. C'est le cas par exemple pour les principes fondamentaux des enseignements primaires et secondaires.

4.   Depuis lors, la loi du 12 avril 1996 a bouleversé pour la Polynésie française la répartition des compétences entre le législatif et le réglementaire. Les attributions de l'Etat sont limitativement énumérées et les autres laissées à l'Assemblée de la Polynésie française. La liste des matières réservées au Parlement par l'article 34 de la Constitution n'est même pas mentionnée. Ainsi le même texte pourra en métropole résulter du Parlement et avoir valeur législative tandis qu'en Polynésie résultant de l'Assemblée territoriale il aura valeur réglementaire.

Si l'on reste dans le cadre du système français, l'Assemblée de Polynésie n'a pas de pouvoir législatif ; mais si on se place dans le cadre très général du droit européen, on peut dire que l'Assemblée de Polynésie a des pouvoirs législatifs.

5.   L'évolution est plus accentuée pour ce qui concerne la Nouvelle-Calédonie. Une réforme constitutionnelle l'a fait sortir de la catégorie des territoires d'outre-mer pour lui donner une place à part dans la Constitution.

La loi organique du 19 mars 1999, prise pour l'application de cette réforme constitutionnelle, a compliqué notre problème. En effet, elle énumère, comme en Polynésie, les compétences conservées par l'Etat ; mais elle énumère aussi celles du congrès de la Nouvelle-Calédonie ; la compétence de droit commun revient aux provinces ; l'assemblée de chacune d'elle peut donc être appelée à déterminer des règles qui dans d'autres pays seraient considérées comme législatives.

Or, le statut de la Nouvelle-Calédonie va beaucoup plus loin. Il permet au Congrès de la Nouvelle-Calédonie d'imposer des textes intitulés "lois du pays" qui ne sont soumises qu'au contrôle du Conseil constitutionnel. Cette Assemblée a donné un pouvoir législatif dans tous les sens du mot. En effet, d'une part les lois du pays portent sur des matières qui dans la métropole relèvent du Parlement comme par exemple les principes fondamentaux du droit du travail, du droit syndical et du droit de la sécurité sociale, où les règles concernent l'état et la capacité des personnes, les régimes matrimoniaux, les successions et libéralités. D'autre part, la loi du pays a la même autorité que les lois de la métropole. Elles ne peuvent faire l'objet que d'un contrôle de constitutionnalité qui relève du Conseil constitutionnel.

Pour ces deux raisons, le Congrès de la Nouvelle-Calédonie est devant une assemblée locale munie du pouvoir législatif.

L'Assemblée Nationale et le Sénat ont voté en termes identiques un projet de loi constitutionnelle permettant à l'Assemblée territoriale de la Polynésie française d'édicter des lois du pays. Mais pour que cette réforme entre en vigueur, il faudrait qu'elle soit adoptée soit par un référendum national, soit par la majorité des trois cinquièmes du Congrès de la République, c'est-à-dire par les deux Assemblées délibérant en commun. Cela devait se faire dans l'année 2000 mais pour des raisons qui n'ont rien à voir avec la Polynésie, la réunion du Congrès de la République a été différée.

Ceci conduit à s'interroger sur l'avenir de l'extension du pouvoir législatif à des Assemblées représentant des parties composantes de l'Etat français.

II.   Une evolution eventuelle

Jusqu'où l'évolution constituée pour la Nouvelle-Calédonie et la Polynésie française pourrait-elle conduire ?

Les discussions relatives à la Corse ont fait apparaître quatre courants de pensée à travers le monde politique.

En premier lieu, pour le candidat Chevènement, le statut actuel résulte de concessions faites aux autonomistes ; il est donc mauvais.

En second lieu, pour Jacques Chirac, il ne faut pas celles qui aillent plus loin que le statut actuel.

En troisième lieu, pour l'ancien Premier ministre Jospin et le parti socialiste, une réforme de la Constitution pourrait intervenir en 2004 et permettre au moins de donner à l'Assemblée de Corse un certain pouvoir d'adaptation des règles relevant du domaine législatif ainsi que d'expérimenter des règles législatives particulières à la Corse mais sous réserve de l'accord (préalable ou postérieur ?) du législateur.

Enfin, pour une partie de la droite française (modérée), aucune mesure particulière à la Corse n'est acceptable ; par contre est possible, par suite d'une réforme de la Constitution, une large décentralisation reconnaissant certains pouvoirs législatifs à toutes les Assemblées des régions françaises. Ce courant de pensée est plus développé chez les partisans d'une Europe fédérale. On s'aperçoit ainsi que la décentralisation régionale va de pair avec le fédéralisme européen. L'évolution prochaine du statut des départements d'outre-mer domine quelques indications sur le choix de la France. En effet, en 2001, une loi a prévu une réforme des institutions de ces départements ; ceux de la Guadeloupe, de la Guyane et de la Martinique (mais non celui de la Réunion) ont été invités à faire des propositions, pour chacun, dans un congrès réunissant les membres du Conseil général qui administre le département et du Conseil régional qui administre la région. Sur deux points, Jacques Chirac et le gouvernement à direction socialiste paraissaient d'accord : d'une part il faudra réformer la Constitution et d'autre part la solution, soumise à un référendum local, pourra être différente selon les départements. L'identité et le particularisme de chacun d'eux sont donc soulignés. La divergence apparaît à propos du pouvoir législatif ; Jacques Chirac a déclaré qu'il n'accepterait jamais qu'une partie de ce pouvoir soit transférée aux Assemblées locales. Le projet du gouvernement à direction socialiste prévoit au contraire de reprendre pour ces départements les dispositions qui, à propos de la Corse, avaient été censurées par le Conseil constitutionnel.

Entre ces deux conceptions, un compromis est possible : il consisterait à accroître les compétences des Assemblées locales et donc leur pouvoir réglementaire. Des dispositions qui, en Métropole exigeraient une loi, pourraient dans ces départements faire l'objet de règlements. L'exclusivité du pouvoir législatif de l'Etat serait, en principe, maintenue ; mais en pratique le particularisme de chaque région d'outre-mer serait garantie en transférant certaines matières du domaine législatif au domaine réglementaire.

Pour ce qui concerne les régions métropolitaines (ou, par opposition à la Corse, continentales) une réponse à la question posée se trouvera dans la réussite totale ou partielle, ou dans l'échec total ou partiel de l'expérience Corse.

Mais se multiplient les rencontres entre les Assemblées des régions d'Europe et par suite des accords inter-régionaux qui tendent à effacer les frontières nationales : le Fédéralisme en Allemagne, en Autriche et en Belgique, le régionalisme en Espagne, en Italie et même en Grande Bretagne sont pour la France à la fois des exemples et des incitations.

Une évolution vers la reconnaissance de plus en plus accentuée de l'identité régionale paraît inéluctable.

En France cependant elle sera lente : d'abord au niveau le plus élevé de l'Etat, c'est plutôt le Jacobinisme qui domine les esprits aussi bien au Conseil constitutionnel qu'au Conseil d'Etat ou l'on craint que la décentralisation ne facilite la corruption ; c'est ensuite l'esprit de la Constitution qui repose sur l'indivisibilité de la République et l'unicité du peuple français.

C'est pourquoi pour changer cet état d'esprit une réforme de la Constitution est nécessaire. Or s'il est facile de changer la Constitution sur des points de détail ou même pour pouvoir ratifier les grands traités européens, il est politiquement beaucoup plus difficile de remettre en cause l'indivisibilité de la République et l'unicité du peuple français.

De plus, il faut enfin que chaque région ait une véritable identité profondément ressentie par ses habitants ; or si cela est vrai pour l'Alsace, la Bretagne (d'ailleurs coupée en deux) la Normandie (aussi coupée en deux) qu'en est-il pour les régions du Centre ou même pour la région CAPA (Alpes Provence Côte d'Azur) ?

Ainsi, une véritable compétence législative reconnue aux régions françaises exigerait en même temps une réforme de la Constitution et un remodelage de ces régions.

Cela, je crois, se fera, mais pas demain !

Intervention of Ms Alvina GYULUMYAN
Judge at the Constitutional Court of Armenia

Respective participants of the seminar,

The topic of our two-day discussion has been highly significant, but also dangerous for the constitutional judges, as there was a great temptation to give in to politics. I regret, that we could not avoid this temptation. Perhaps, this situation is inevitable as the solution of such conflicts is the classic case when a constitutional court can be drawn in politics and be guided not by legal, but political motives.

It is essential, that when talking about conflicts, we strictly determine:

1.   The reason of the conflict, as it is possible to solve any conflict by examining the reason.

2.   The parties to the conflict.

It is not a secret, that often not the legislative body of the subject or autonomy, but the nation of that region is engaged in the conflict as a party. In the case of the Karabakh conflict it is not the local authority that has raised the problem in order to obtain more competencies, but the people of the region, in accordance with the existing legislation, which has expressed its right of self-determination, manifesting its will through the referendum. It is to be mentioned, that we must not look for a false contradiction between two principles of international law – the principles of 'self-determination and territorial integrity.

Here the majority of the conference participants are judges and for the solution of any conflict we must give priority to the human being, to their group- nation, and only then must we think about the notion of "territory". We are judges and as a rule are obliged to protect the interests of minority: the central authority as a rule is the powerful party and constitutes a majority and always has the opportunity and means to protect its interests.

3.   The essence of the conflict: whether the conflict is legal.

The solution of legal conflict needs to be based on the legal pre-requisites of the conflict. The legal basis of the Karabakh conflict is that, the Constitution of Azerbaijan does not consider Karabakh as a part of Azerbaijan territory, as Azerbaijan has declared itself as a legal successor to the Azerbaijan Republic of 1918, the territory of which did not include Karabakh.

4.   The stage of the conflict.

It is well-known, that the Karabakh conflict is at the stage, where the Minsk Group Of the Committee of European Security and Co-operation is engaged in the solution of this conflict and I think, that we must be very careful when we speak about this issue, as any such discussion may have a negative influence on the negotiation process. We must not allow any discussion organised by the Venice Commission or this UNIDEM conference to have such a negative influence.

5.   The manner of the solution of the conflict.

Particularly now it is too late to solve the conflict through the exercise of judicial authority and generally to find solutions to such conflicts in a judicial manner. We must think about the judiciary's reputation, as the issue of enforcement of such judicial decisions are always under question and such a situation may cause more negative consequences.

CONCLUDING REPORT/RAPPORT DE SYNTHESE

M. Eric SALES
Professeur à la Faculté de Droit de l'Université Montpellier I

Le thème de ce séminaire, portant sur "la résolution des conflits entre Etat central et entités dotées du pouvoir législatif par la Cour constitutionnelle", est bien connu des constitutionnalistes.

En effet, les premières Cours constitutionnelles, créées sur le modèle théorique pensé par Hans Kelsen, ont vu le jour dans les Etats à structure fédérale ou dans des systèmes constitutionnels accordant aux régions de réels pouvoirs de décision politique. Ainsi, bien avant d'assurer la promotion et la protection des droits fondamentaux, la justice constitutionnelle s'est développée essentiellement autour du contrôle du respect du partage des compétences entre l'Etat central et ses entités territoriales quelle que soit leur désignation particulière (Etats fédérés, Communautés, Régions,...).

Ce rôle ne doit pas être négligé dans la mesure où les premières Cours constitutionnelles ont eu pour fonction, parfois unique, de résoudre les conflits entre le niveau central et les entités locales dotées du pouvoir législatif et, ce faisant, de garantir le bon fonctionnement du système politique. De ce point de vue, la jurisprudence constitutionnelle a fait l'objet d'une attention toute particulière afin de déterminer sa tendance "centralisatrice" ou "régionaliste".

Poser à nouveau la question aujourd'hui, conduit non seulement à envisager les réponses apportées à cette interrogation récurrente dans les Etats fédéraux, dans les Etats à structure régionale, mais aussi dans les Etats unitaires connaissant des statuts d'autonomie. Pour mener à bien ce travail, le séminaire s'est déroulé, en respectant cette distinction pertinente entre les Etats, autour de la discussion de rapports nationaux établis sur la base d'un questionnaire.

Faire la synthèse des rapports, de la discussion sur les rapports est, assurément, une mission délicate. Il faut, malgré tout, se risquer à dégager des débats qui se sont déroulés sur deux jours, les 14 et 15 juin 2002, quelques observations préalables ainsi qu'une série d'enseignements.

Au titre des remarques préliminaires, trois séries de réflexion se détachent des discussions entre rapporteurs. Elles soulignent que le thème retenu pour ce séminaire ne se réduit pas au strict domaine juridique, qu'il concerne les pays participants à des degrés différents et qu'il est susceptible d'être abordé – en dehors de toute constitution écrite – sur un plan législatif.

Tout d'abord, de façon générale, les rapporteurs ont précisé que le sujet de ce séminaire de travail ne pouvait être appréhendé en éludant le problème important de la nature politique, historique, culturelle et géographique des conflits existant entre l'Etat central et les entités locales. Ainsi, le droit ne peut pas à lui seul en rendre compte entièrement. De façon parallèle, M. Hajiyev et M. Cotorobai, s'exprimant respectivement au nom de la Cour constitutionnelle d'Azerbaïdjan et de la Moldova, ont insisté sur le risque pour les juges constitutionnels d'entourer leurs décisions de considérations non juridiques. A ce titre, certains rapports nationaux présentés par M. Aemisegger pour la Suisse ou encore par M. Melchior pour la Belgique, soulignent l'existence d'institutions non juridictionnelles chargées de prévenir les conflits afin d'assurer, pour reprendre un terme formulé par le représentant canadien, M. de Montigny, "l'existence d'un fédéralisme coopératif".

Ensuite, la question de la résolution de ce type de conflit ne se pose pas encore dans certains Etats. Soit parce que le pays est en reconstruction – comme en Yougoslavie – et que d'autres questions importantes se posent, ainsi que le rappellent M. Lekic et M. Jakovljevic, à propos de la détermination de la forme de l'Etat ou au sujet de la hiérarchie entre la charte constitutionnelle et le droit international. Soit parce que la structure unitaire de l'Etat élimine de fait le problème comme en Azerbaïdjan, en Ukraine ou encore en Moldova. Soit parce que la question soulevée est de toute autre nature et consiste à savoir s'il faut ou non accorder un pouvoir législatif aux entités locales. Tel est le cas en France pour laquelle M. Luchaire précise que le Conseil constitutionnel a récemment censuré une loi attribuant à l'Assemblée de Corse un pouvoir législatif expérimental. Egalement, le problème existe mais de façon marginale au travers de certains statuts d'autonomie particuliers à l'image des TOM en France, des îles Aland en Finlande et des archipels des Açores et de Madère au Portugal. Il faut noter tout de même, dans ce dernier cas, avec M. Cardoso da Costa, que le contentieux devant la Cour constitutionnelle concerne la loi régionale dans environ 20 % des cas.

Enfin, il existe des situations où l'absence de constitution écrite n'empêche nullement une distribution des compétences ainsi que l'atteste le Scotland Act voté par le Parlement de Londres dont le contenu a été présenté, pour le Royaume-Uni, par Lord Hope of Craighead.

Au titre des enseignements à retenir, pour rendre compte de l'ensemble des travaux et de leur qualité en évitant d'être trop réducteur, trois points de synthèse permettent de démontrer que la solution des conflits de compétence entre l'Etat central et les entités locales dépend de la Constitution, entendue comme acte organisateur des compétences, mais aussi des modalités de contrôle exercé par la Cour constitutionnelle et de la jurisprudence constitutionnelle.

Le rôle fondamental de la Constitution en matière de répartition des compétences a été mis en évidence de façon générale.

La résolution des conflits entre Etat central et entités territoriales dotées d'un pouvoir législatif dépend nettement de la façon dont sont distribuées les compétences. A l'exception des Etats-Unis, où selon M. Attanasio, la structure de la Constitution ne concerne à titre principal que le gouvernement central, il est possible d'établir plusieurs distinctions.

Dans certains cas, la séparation est assez nette entre les sphères de compétence. M. Broβ, juge à la Cour constitutionnelle fédérale allemande, fait état de l'absence de relation entre le champ de compétence de la fédération et celui des Länders. Tout comme au Canada, où il existe un partage complet des compétences, ces dernières étant exclusives pour l'Etat fédéral et les provinces.

Dans d'autres hypothèses, la répartition des compétences s'établit par déduction. Ainsi, en Suisse, tout ce qui ne relève pas de la compétence générale résiduelle des cantons ressort de la compétence de la fédération. De façon similaire en Belgique, tout ce qui n'est pas attribué aux communautés et aux régions relève de l'Etat.

Le système est parfois plus souple, notamment pour les communautés autonomes en Espagne habilitées à exercer un choix dans les listes des matières visées par la Constitution ainsi que le rappelle M. Jiménez Sanchez. Le système est rendu parfois plus compliqué lorsque les pouvoirs sont exercés conjointement, dans certains cas, particulièrement entre la Fédération de Russie et ses sujets, ce qui emmène la Cour constitutionnelle comme le souligne M. Vitrouk, à rechercher des solutions de compromis et d'équilibre.

Enfin, dans les Etats à structure régionale, la marge de manœuvre des entités locales apparaît plus réduite. A ce propos, si le Parlement écossais dispose d'un pouvoir législatif autonome, celui-ci peut être considéré comme subordonné dès lors qu'il a été délivré par le Parlement de Londres. En Italie, M. Mezzanotte précise que l'intervention des régions suppose le respect des principes posés par l'Etat. Ces derniers sont, quelques fois, difficiles à cerner sur le plan du droit à l'image du principe de respect de l'intérêt national, lequel constitue une limite d'opportunité politique susceptible de briser les revendications d'autonomie.

Les modalités du contrôle exercé par la Cour constitutionnelle sont également à prendre en considération pour la résolution des conflits.

La plupart des Etats fédéraux dispose d'une juridiction constitutionnelle veillant à ce que les règles de partage des compétences soient observées. Concrètement le rôle des juges est de vérifier que les autorités régionales ne s'arrogent pas les pouvoirs des autorités centrales, mais également, à l'inverse, que les autorités centrales n'usurpent pas les compétences des autorités locales. Tel est le cas par exemple en Allemagne. A cet égard, le modèle suisse doit être distingué dans la mesure où seule la loi cantonale peut faire l'objet d'un contrôle de constitutionnalité et non la loi fédérale dont le fondement ne peut être contesté. D'autres Etats, connaissant des statuts d'autonomie, organisent un contrôle du respect des compétences nationales et locales. Ainsi, en est-il en Espagne où coexistent un contrôle abstrait des lois des Parlements des communautés et un contrôle en défense de l'autonomie locale.

En ce qui concerne le règlement des conflits il faut noter une certaine diversité des mécanismes mis en place soit par les textes soit, à défaut, par la jurisprudence. Plusieurs exemples permettent d'en rendre compte. Le Scotland Act prévoit clairement une réglementation destinée à prévenir les conflits. En Suisse, la jurisprudence a élaboré une règle de résolution des conflits en attribuant la primauté au droit fédéral, ce qui peut être en contrariété avec la reconnaissance de la souveraineté des cantons. Au Canada, il n'existe pas de mécanisme spécifique de règlement des conflits. Ce faisant, la Cour peut aller jusqu'à interpréter la loi pour déterminer le bon exercice des compétences. En Allemagne, le rôle de la Cour constitutionnelle se situe notamment au niveau de la surveillance de la mise en œuvre de la loi fédérale. Elle dispose également d'un droit de regard sur l'activité des Cours constitutionnelles des Länders. Ce dernier point est important à souligner car le règlement des conflits peut être exercé par des Cours constitutionnelles différentes, cours entre lesquelles il est nécessaire d'assurer une certaine homogénéité des solutions.

Le rôle de la jurisprudence constitutionnelle dans la résolution des conflits entre l'Etat central et les entités locales dotées du pouvoir législatif a également été souligné.

Le rôle capital de la jurisprudence a été nettement mis en évidence. Il est vrai que la Cour constitutionnelle se retrouve souvent, par le fait des saisines, au cœur des tensions entre le niveau local et le niveau central. Il est toutefois difficile de dégager une tendance jurisprudentielle soit en faveur de la centralisation ou de la décentralisation. Deux illustrations sont intéressantes de ce point de vue.

Un premier exemple se traduit par l'admission jurisprudentielle de l'extension de la compétence nationale. Ainsi, au Canada, trois théories jurisprudentielles ont été élaborées en faveur du pouvoir fédéral et au détriment des compétences des provinces. Il s'agit, sans entrer dans le détail, de la théorie du pouvoir d'urgence, de la théorie des dimensions nationales et de la théorie dite des compétences résiduelles.

Un second exemple, cette fois-ci inverse, concerne l'admission jurisprudentielle de l'extension de la compétence locale. Ainsi en est-il en Belgique de la théorie des *"compétences implicites"* permettant sous certaines conditions un empiétement de la communauté ou de la région sur les compétences de l'Etat fédéral.

Le thème de ce séminaire UniDem, organisé par la Commission de Venise et par la Cour constitutionnelle italienne, a donné lieu à de nombreuses réflexions et à des rapports nationaux d'une grande richesse dont la synthèse peut paraître réductrice. Mais le propre de cet exercice n'est pas de prétendre à l'exhaustivité. Il s'agit simplement de présenter le travail accompli par les intervenants et de retracer leurs échanges en n'oubliant pas de rendre hommage à la très grande qualité intellectuelle des rapports et des discussions et de souligner le sérieux de l'ambiance se dégageant du *Palazzo della Consulta* à Rome les 14 et 15 juin 2002.

Il a même été proposé, dès l'ouverture de ce séminaire par Mme Suchocka, de prolonger la réflexion sur le thème choisi, par un sujet souvent rappelé dans l'actualité, celui de la Constitution européenne. Est-ce là une façon de dire que l'Europe constitutionnelle sera fédérale ou ne sera pas... ?

Collection[1]
Science and technique of democracy

No. 1   Meeting with the presidents of constitutional courts and other equivalent bodies[2] (1993)

No. 2   Models of constitutional jurisdiction[3]
by Helmut Steinberger (1993)

No. 3   Constitution making as an instrument of democratic transition (1993)

No. 4   Transition to a new model of economy and its constitutional reflections (1993)

No. 5   The relationship between international and domestic law (1993)

No. 6   The relationship between international and domestic law[3]
by Constantin Economides (1993)

No. 7   Rule of law and transition to a market economy (1994)

No. 8   Constitutional aspects of the transition to a market economy (1994)

No. 9   The Protection of Minorities (1994)

No. 10   The role of the constitutional court in the consolidation of the rule of law (1994)

No. 11   The modern concept of confederation (1995)

No. 12   Emergency powers[3]
by Ergun Özbudun and Mehmet Turhan (1995)

No. 13   Implementation of constitutional provisions regarding mass media in a pluralist democracy (1995)

No. 14   Constitutional justice and democracy by referendum (1996)

No. 15   The protection of fundamental rights by the Constitutional Court[4] (1996)

---

1. *Also available in French*

2. *Speeches in the original language*

3. *Also available in Russian*

4. *An abridged version is also available in Russian.*

No. 16	Local self-government, territorial integrity and protection of minorities (1997)
No. 17	Human Rights and the functioning of the democratic institutions in emergency situations (1997)
No. 18	The constitutional heritage of Europe (1997)
No. 19	Federal and regional States (1997)
No. 20	The composition of constitutional courts (1997)
No. 21	Nationality and state succession (1998)
No. 22	The transformation of the Nation-State in Europe at the dawn of the 21st century (1998)
No. 23	Consequences of state succession for nationality (1998)
No. 24	Law and foreign policy (1998)
No. 25	New trends in electoral law in a pan-European context (1999)
No. 26	The principle of respect for human dignity (1999)
No. 27	Federal and Regional States in the perspective of European integration (1999)
No. 28	The right to a fair trial (2000)
No. 29	Societies in conflict : the contribution of law and democracy to conflict resolution (2000)[2]
No. 30	European Integration and Constitutional Law (2001)
No. 31	Constitutional implications of accession to the European Union[2] (2002)
No. 32	The protection of national minorities by their kin-State[2] (2002)
No. 33	Democracy, Rule of Law and Foreign Policy[2] (2003)
No. 34	Code of good practice in electoral matters (2003)
No. 35	The resolution of conflicts between the central State and entities with legislative power by the Constitutional Court[2] (2003)

2.   *Speeches in the original language*

Collection[1]
Science et technique de la démocratie

N° 1   Rencontre avec les présidents des cours constitutionnelles et instances équivalentes[2] (1993)

N° 2   Modèles de juridiction constitutionnelle[3]
par Helmut Steinberger (1993)

N° 3   Le processus constitutionnel, instrument pour la transition démocratique (1993)

N° 4   La transition vers un nouveau type d'économie et ses reflets constitutionnels (1993)

N° 5   Les rapports entre le droit international et le droit interne (1993)

N° 6   Les rapports entre le droit international et le droit interne[3]
par Constantin Economides (1993)

N° 7   Etat de droit et transition vers une économie de marché (1994)

N° 8   Les aspects constitutionnels de la transition vers une économie de marché (1994)

N° 9   La Protection des minorités (1994)

N° 10   Le rôle de la cour constitutionnelle dans la consolidation de l'Etat de droit (1994)

N° 11   Le concept contemporain de confédération (1995)

N° 12   Les pouvoirs d'exception du gouvernement[3]
par Ergun Özbudun et Mehmet Turhan (1995)

N° 13   L'application des dispositions constitutionnelles relatives aux media dans une démocratie pluraliste (1995)

---

1.   *Disponible également en anglais*

2.   *Interventions en langue originale*

3.   *Disponible également en russe*

2.   *Interventions en langue originale*

4.   *Une version abrégée est disponible en russe*

Sales agents for publications of the Council of Europe
Agents de vente des publications du Conseil de l'Europe